SE
A CIDADE
FOSSE
NOSSA

Joice Berth

SE A CIDADE FOSSE NOSSA

racismos,
falocentrismos
e opressões nas cidades

4ª edição

Paz & Terra

Rio de Janeiro
2025

© Joice Berth, 2023
Design de capa: Violaine Cadinot
Design e diagramação de miolo: Ligia Barreto | Ilustrarte Design

Direitos de edição da obra em língua portuguesa no Brasil adquiridos pela EDITORA PAZ & TERRA. Todos os direitos reservados. Nenhuma parte desta obra pode ser apropriada e estocada em sistema de bancos de dados ou processo similar, em qualquer forma ou meio, seja eletrônico, de fotocópia, gravação etc., sem permissão do detentor do copyright.

EDITORA PAZ & TERRA
Rua Argentina, 171 – São Cristóvão
20921-380 – Rio de Janeiro, RJ
Tel.: (21) 2585-2000.

Seja um leitor preferencial Record.
Cadastre-se no site www.record.com.br
e receba informações sobre nossos lançamentos e nossas promoções.

Atendimento e venda direta ao leitor:
sac@record.com.br

CIP-BRASIL. CATALOGAÇÃO NA PUBLICAÇÃO
SINDICATO NACIONAL DOS EDITORES DE LIVROS, RJ

B46s
    Berth, Joice
        Se a cidade fosse nossa : racismos, falocentrismos e opressões nas cidades / Joice Berth. – 4. ed. – Rio de Janeiro : Paz e Terra, 2025.
        288 p.

        ISBN 978-65-5548-021-4

        1. Arquitetura e sociedade. 2. Planejamento urbano – Aspectos sociais. 3. Espaço (Arquitetura). 4. Urbanização – Aspectos sociais. I. Título.

22-75720
                    CDD: 720.103
                    CDU: 72:316.334.56

Meri Gleice Rodrigues de Souza – Bibliotecária – CRB-7/6439

Impresso no Brasil
2025

SUMÁRIO

Prefácio   7
    Por tempos melhores na cidade da Joice Berth,
    por Edésio Fernandes
Introdução   11
    O que precisamos saber para construir uma cidade
    antirracista e decolonial?

1.   DESESTABILIZANDO CONCEITOS ESTÁVEIS   31
    O urbanista de São Paulo é o capital?   61
    Moradia e acesso à terra: ordenadores históricos
        da exclusão espacial   84
    Boas ideias não correspondem aos fatos: como
        boas práticas podem perpetuar o que pretendem
        combater   97

2.   E SE A CIDADE FOSSE NEGRA?   109
    O urbanismo daltônico: quem vê território não
        vê raça?   114
    Eugenismo e higienismo: a construção do outro
        urbano   123
    Genocídio e violência urbana racializada: herança do
        urbanismo eugenista   137
    Racismo urbano x racismo ambiental   149

3. E SE A CIDADE FOSSE DAS MULHERES? 155

Conceituando gênero e suas relações de poder 164

O guarda-chuva *gênero* e os estereótipos de
feminização 191

A carrocracia e a guerra ao pedestre 194

Falocentrismo: a projeção inconsciente do poder
masculino nas cidades 215

A feminização da pobreza no espaço urbano 240

4. EMPODERAMENTO E DIREITO À CIDADE:
UM DIÁLOGO POSSÍVEL? 253

(Re)pensando o espaço urbano sob a ótica dos
subalternos: cidades decoloniais 263

Agradecimentos 275

Referências bibliográficas 277

PREFÁCIO

Por tempos melhores
na cidade da Joice Berth

Edésio Fernandes

A tradição de estudos críticos sobre classe, raça e gênero – e sobre as relações inescapáveis e as tensões intrínsecas dessas dimensões socioeconômicas, sociopolíticas e socioculturais no regime capitalista – cresceu de maneira significativa no Brasil nas últimas décadas. Em especial, desde a luminosa contribuição de Lélia Gonzalez para a reflexão sobre o feminismo negro, esses estudos têm ganhado fôlego e animado o debate internacional. Através de sua presença regular em diversas mídias, Joice Berth já se afirmou nesse campo como uma brilhante intelectual, e seu livro, *Empoderamento*, se tornou um clássico que tem influenciado toda uma geração de leitores e ativistas. Precisas e provocativas, com frequência desconcertantes, mas sempre instigantes, as falas de Joice Berth sempre me lembram do quadro-manifesto do Paul Thek que afirmava como missão do artista "Afligir os Confortáveis/Confortar os Aflitos".

Menos conhecida do grande público é a bem-informada e sofisticada reflexão dela, arquiteta e urbanista de formação que é, sobre cidades, processos de urbanização e modos de produção capitalista do espaço, especialmente nas sociedades periféricas. O Brasil é reconhecido pela sua rica tradição

SE A CIDADE FOSSE NOSSA

de estudos urbanos, com ênfase nos processos de segregação socioespacial e acesso informal ao solo urbano e à moradia nas cidades; dentre tantos nomes de peso, a obra de
Milton Santos continua jogando a luz mais reveladora sobre
a produção das desigualdades territoriais e a reprodução da
pobreza urbana. Joice Berth bebeu nessa fonte, mas, ao inserir no coração da cidade sua reflexão sobre as tramas históricas entre classe, raça e gênero, coloca os estudos urbanos
brasileiros em outro patamar: o campo incipiente do urbanismo feminista ganha estofo e outra arena, e a discussão
sobre a pobreza ganha gênero e cor. Joice Berth desmascara
a pretensa neutralidade do planejamento territorial e da política pública, bem como a suposta objetividade da ordem
jurídica. E, assim, nos mostra as muitas maneiras como a
cidade é a dura expressão socioespacial do pacto sociopolítico excludente, segregador, patriarcal, machista e racista
historicamente hegemônico – e que se renova, sobretudo,
na sobrevivência da estrutura fundiária do país escravocrata,
outra expressão profunda do racismo estrutural no Brasil.

Articulando com habilidade experiências e reflexões pessoais com o discurso acadêmico, Joice oferece um contexto
conceitual para as falas poderosas sobre a cidade segregada e
excludente que vêm das belas vozes literárias, dentre outras,
de Carolina Maria de Jesus e Conceição Evaristo, bem como
requalifica – sem nunca os desprezar – os estudos urbanos
tradicionais. E ela o faz de forma pioneira, como na lição de
Walter Benjamin, "escovando a História a contrapelo": a História ganha em sentidos, ganhamos todos em compreensão.

A cidade de Joice Berth – antirracista, antimachista, an-
tielitista – é, ao mesmo tempo, um horizonte utópico e um

PREFÁCIO

chamado para que todos participemos das lutas cotidianas para construção de um amplo e verdadeiro Direito à Cidade. Joice Berth nos tira da nossa zona de conforto intelectual e nos chama para a ação sociopolítica transformadora. Profundamente comprometida com os excluídos e aflitos, ela compreende como Angela Davis não apenas a importância da crítica e o poder do protesto, mas também a necessidade do otimismo e da esperança. Com este livro corajoso que não poderá jamais ser ignorado, ela abre portas, indica caminhos e cultiva a esperança de tempos melhores para a cidade – e para todos nós.

INTRODUÇÃO

O que precisamos saber para construir uma cidade antirracista e decolonial?

"Em conversas, eu inicio perguntando 'A cidade tem gênero?' E todo mundo fala que não, [que] a cidade é um espaço livre que a gente pode transitar por todos os cantos. Mas não é bem assim, as percepções das pessoas com relação aos espaços da cidade precisam ser provocadas. A gente sabe que existem questões relacionadas ao assédio sexual nas ruas, no transporte público, mas isso é só uma a pontinha do iceberg que está imerso em muitos outros problemas."[1]

JOICE BERTH

Quando eu era criança, ficava eufórica ao ouvir os adultos da família dizer que iriam à *cidade* pagar contas e resolver seus assuntos. Rapidamente me oferecia para ir junto, porque adorava passear pelas ruas cheias de lojas, ver o barulho e a movimentação das pessoas e o vaivém dos carros. Inclusive, era divertido andar de ônibus, e o metrô, então... um êxtase! Os mais velhos falavam que eu gostava do programa só porque não precisava ir à *cidade* todos os dias. Meu

---

[1] Joice Berth, "Joice Berth: 'As cidades são espelhos das desigualdades'", *Exame*, entrevista a Yasmine Sterea, 11 ago. 2021.

deslocamento usual era a pé, entre minha casa e a escola, ou, no máximo, até o mercadinho que ficava a dois quarteirões.

Eu morava na Zona Norte de São Paulo, no bairro do Mandaqui, e a rua era o lugar onde eu me divertia. As minhas melhores lembranças dessa época são as das noites de verão. A temperatura geralmente estava amena, e, entre uma legião de crianças, eu brincava até tarde de pega-pega, esconde-esconde e taco. Os adultos conversavam entre si, sentados em frente às casas, observando e garantindo nossa segurança. Vez ou outra, ouvíamos: "Olha o carro, vai pra calçada!" Reclamavam que no tempo deles era diferente – não havia asfalto, e podiam brincar à vontade. Odiávamos esses momentos em que tínhamos que interromper a brincadeira, mesmo que por alguns segundos.

Cerca de três décadas depois, o quadro urbano do meu bairro de infância mudou drasticamente. As crianças não brincam mais nas ruas e muitas casas foram demolidas para dar lugar a prédios, estacionamentos, comércios e bares nos arredores da avenida principal. Sinto um tipo de saudade, que imagino ser diferente da que os demais moradores sentem. Como urbanista, sei da gravidade de tais mudanças e não me contento com a explicação de que isso é resultado do *progresso*. Essa palavra deveria ser sinônimo de *melhoria*, coisa que, definitivamente, não aconteceu em São Paulo – nem nas demais cidades brasileiras que conheço. Minha percepção é confirmada pelos relatos dos que resistem à especulação imobiliária.

Podemos dizer que a deterioração das cidades se relaciona à da sociedade. Hoje, não há mais espaço para que as pessoas circulem e permaneçam, e é quase impossível

INTRODUÇÃO

construir relações de vizinhança, especialmente nas grandes metrópoles, não apenas no Brasil, como em muitos lugares do mundo.

Não são poucos os arquitetos e urbanistas que apontam sobre o quanto a configuração das cidades pode, inclusive, afetar direta ou indiretamente a nossa saúde mental. Há uma nova linha de estudos dedicada a isso chamada neuroarquitetura. Mas essa preocupação não é novidade. A angústia e os sentimentos de desproteção que as cidades despertam em nós, nas suas mais variadas formas, já foram tema de grandes compositores em históricas canções, como "Essa noite não", famosa na voz do cantor carioca Lobão,[2] ou o clássico "São Paulo, São Paulo", da banda paulistana da década de 1980 Premeditando o Breque:

> Não vá se incomodar
> Com a fauna urbana de São Paulo (de São Paulo)
> Pardais, baratas, ratos na rota de São Paulo
> E pra você, criança, muita diversão e poluição
> Tomar um banho no Tietê ou ver TV[3]

A configuração das cidades está permeada por símbolos que estimulam o individualismo e reafirmam a continuidade das supremacias e hierarquias sociais. Embora a atual organização do meio urbano não seja a única culpada pelo estado das coisas, é um reflexo disso. E potencializa e alimenta a degradação do espaço social.

---

[2] Lobão, "Essa noite não", 1989.
[3] Premê [Premeditando o Breque], "São Paulo, São Paulo", 1983.

Não dizemos mais que "Vamos à *cidade*" para indicar o lugar onde se concentram as atividades comerciais, burocráticas e de serviços. Dizemos "Vamos ao *centro*". Para quem mora na periferia, é ainda mais penoso deslocar-se até lá, principalmente se for preciso levar as crianças. Os polos de entretenimento já não são espaços públicos, como as praças e os parques, mas privados, como os shopping centers.

Algumas pessoas podem alegar que preferem esses espaços de confinamento social voluntário por se sentirem mais seguras, mas estão apenas condicionadas pelas violências ali naturalizadas. Eles foram projetados para interromper o contato humano com o meio externo e tornar o consumo uma entidade ordenadora do espaço e da vida. Mesmo em áreas consideradas nobres, a sensação de conforto é ilusória e não permite uma interação relaxante, por culpa do medo, ou culturalmente enriquecedora, pela falta de diversidade de experiências de vida. Mesmo assim, para muitos, esses espaços são considerados refúgios – espécies de *praias urbanas*.

Sempre me pergunto em que momento acontecerá a conscientização social sobre o quanto a cidade, esse espaço de convivência coletiva, interfere na qualidade de vida. Nessa indagação, há o desejo de tomada de consciência e compreensão sobre como os problemas históricos moldaram as cidades e conversam conosco o tempo todo, inclusive agravando e retroalimentando violências.

Lutar por cidades mais justas e equilibradas, que componham a vida de maneira saudável, é uma ação política que necessita do trabalho coletivo para chegar a soluções e ações

INTRODUÇÃO

de maneira democrática. Não é mais possível administrar o caos social sem observar o seu papel ativo na construção do caos urbano, sem entender que essas duas partes são indissociáveis. Nesse sentido, este livro é uma modesta contribuição, mas, sobretudo, um chamado para que todas as pessoas se enxerguem como possível urbanista, não no sentido técnico, mas no sentido de sujeito atuante na organização e manutenção do espaço físico coletivo. Espero que vocês possam resgatar em si o sentimento de pertencimento que existia quando as cidades apresentavam, em menor escala, os resultados desastrosos de processos históricos violentos. Para isso, há vários caminhos, como pensar a questão da moradia e do acesso à terra urbanizada, pensar na diversidade e na pluralidade humana que ocupam o espaço urbano, pensar na qualidade de vida, nas construções, nas relações humanas, no patrimônio material e imaterial, na limpeza, na divisão administrativa e nos acessos metropolitanos etc. E todos esses caminhos fazem parte de um mesmo ponto: o direito à cidade.

Quando iniciei a escrita de *Se a cidade fosse nossa*, em abril de 2021, ouvi uma entrevista do arquiteto e urbanista Nabil Bonduki à jornalista Renata Lo Prete, no podcast *O Assunto*. Na conversa, sobre a situação da moradia no Brasil durante a pandemia de covid-19, Bonduki, uma das maiores referências nacionais no tema, diagnosticou que a ausência e a ineficiência de políticas urbanas e habitacionais são as responsáveis pelo aumento caótico de pessoas sem casa (em situação de rua ou de completa insegurança habitacional). Segundo ele, em plena crise sanitária, o então governo federal, chefiado pelo ex-presidente Jair Bolsonaro (2019–2022), realizou um corte de 98% nos já pífios investimentos em habitação para pessoas de baixa renda.[4]

Uma notícia também de 2021, informada pela Agência Mural de Jornalismo das Periferias e veiculada no jornal *Folha de S.Paulo*, apurou de que maneira novos núcleos habitacionais precários se formaram no município de São Paulo. Nesse cenário, que é resultado do crescente índice de desemprego causado pela pandemia, a alta dos aluguéis e os consequentes despejos por falta de pagamento, um detalhe chama atenção: a maioria das famílias são formadas por pessoas negras.[5]

A maneira como aquele governo tratou o direito à moradia não pode ser explicada apenas como crueldade ou descaso. É o resultado de um projeto sociopolítico de destituição dos poderes sociais de grupos pobres e não brancos, que não findou com a abolição da escravização de pessoas negras sequestradas do continente africano. E tampouco se encerrará com o término da maior crise sanitária do século 21.

Os indígenas, verdadeiros donos desta terra que foi batizada pelos colonizadores com o nome de Brasil, foram os primeiros a serem lesados, em toda e qualquer dimensão de acesso à mobilidade social, por esse projeto político que ainda vigora. O período escravocrata, por sua vez, foi o rascunho de uma nação que seria pautada pelo racismo e outras formas de opressão. Esse caminho violento começou a ser reparado com a luta pela abolição da escravização

---

[4] Renata Lo Prete, "O Assunto #440: Sem dinheiro para habitação popular", *G1*, 28 abr. 2021.

[5] Lucas Veloso, "Sem dinheiro para o aluguel, famílias formam novas favelas em SP", *Folha de S.Paulo*, 30 abr. 2021.

INTRODUÇÃO

de africanos e seus descendentes. Contudo, vem renovando suas intenções, formas e práxis à medida que a sociedade se desenvolve e as lutas sociais pela emancipação conseguem, mediante intensos sacrifícios dos grupos subalternizados, avançar alguns milímetros.

Mas não é somente a questão racial que adorna o cenário desse projeto sociopolítico, motivador da destruição dos poderes sociais de grupos grafados como subalternos pela caneta da colonialidade. Há também a ideia patriarcal de excluir mulheres da distribuição de renda e dos poderes políticos. Na Colônia (1500–1815), especialmente em relação às mulheres brancas de classes dominantes, o casamento, além de formar a família, tinha o intento de somar e proteger privilégios e bens, que passavam a ser geridos pelo marido. Essa riqueza – produzida pela escravização e exploração de pessoas negras, indígenas e pobres –, e o poder que dela adveio, vem sendo transmitida por várias gerações, até os nossos tempos. Tudo isso é resultado do domínio masculino, que, já consolidado no mundo, se acomodou à realidade brasileira em formação.

Conversar sobre cidades deveria incluir essas e outras questões, em um debate com um público mais amplo. Manter essa discussão apenas no círculo restrito de especialistas é um erro que aprofunda as implicações das violências e dos desordenamentos dos centros urbanos – até há alguns anos tratados exclusivamente sob a ótica da luta de classes.

Aliás, a luta de *classes* é o lugar onde o racismo de brancos de diferentes grupos sociais se encontra e se potencializa. Isso ocorre à medida que classes sociais brancas se fortalecem pelo negacionismo, que tem sido o tom da discussão racial neste

SE A CIDADE FOSSE NOSSA

país. Eu, como mulher negra e pobre, não me permito perder qualquer oportunidade de lembrar que a pobreza tem cor e gênero. E que, sendo o racismo o alicerce das estruturas que construíram este e outros países das Américas, a brancura constitui uma espécie de passe livre para a ascensão social. Nascer pobre torna a vida mais difícil em uma sociedade capitalista, embora pessoas brancas pobres tenham mais acesso a facilidades de ascensão social do que pessoas negras pobres. Por isso, a meritocracia tem sido um conceito importante a ser aventado nas discussões sobre as desigualdades.

Essas questões e dinâmicas encontram um chão para se materializar: o espaço urbano. E se moramos em uma cidade, somos responsáveis por ela; construímos e vivemos nela, resistindo às suas falhas, cotidianamente. Por isso, temos o direito e o dever de intervir nas decisões e nos apoderar das discussões que concernem a sua formação, a sua história e o seu desenvolvimento sociopolítico. Isso implica compreender também que não se pode falar sobre cidade com base apenas em questões técnicas de maneira a se desconsiderar o aprofundamento das questões sociais e políticas que incidem na sua formação e na sua história.

A cidade não está, e nunca esteve, livre de absorver os discursos que constroem a sociedade, sejam eles libertários ou opressores, estruturais ou superficiais, progressistas ou conservadores. São esses discursos que, somados, configuram seu tecido e suas divisões espaciais. O território urbano é feito de manifestações e de ideias, que podem mudar no decorrer dos processos históricos, mas possuem efeito cumulativo, especialmente se considerarmos suas consequências no tempo.

INTRODUÇÃO

Há quem pense que o tipo de cidade em que vivemos hoje, tão diferente daquela de nossa memória e que exige tanto de nossa resiliência, seja resultado do aumento da densidade populacional, ou seja, do aumento da quantidade de pessoas na zona urbana. No entanto, as mudanças são produto das escolhas e omissões de grupos políticos e empresariais, que quase em sua totalidade atuam para manter os privilégios dos grupos dominantes. No final, todos nós pagamos uma conta cara, cada um a seu modo.

Alguns vivem imersos em um medo tão intenso e igualmente naturalizado que não percebem o quão violento são projetos como, por exemplo, o Vizinhança Solidária.[6] Promovida pela Polícia Militar (PM) do estado de São Paulo, desde 2009, a iniciativa mobiliza moradores a monitorar movimentações que pareçam *ameaçadoras*. O controle é feito dia e noite, e câmeras de segurança podem ser utilizadas. Caso algo pareça *suspeito*, o morador entra em contato com os vizinhos, por meio de um grupo de WhatsApp, e informa também a polícia. Na cidade de São Paulo, o projeto-piloto começou a ser implantado no Itaim Bibi, mas já se estende a outros bairros da capital paulistana. De acordo com a PM, nos Jardins, foi percebido uma das mais impressionantes taxas de queda de casos de furto e roubo: 60% em um ano. Tanto um quanto outro são bairros de classe média alta paulistanos.[7]

---

[6] Governo do Estado de São Paulo, Lei nº 16.771, 18 jun. 2018.
[7] "Aprovado na Alesp, programa Vizinhança Solidária cresce e já está presente em 267 cidades do Estado", *Portal da Assembleia Legislativa do Estado de São Paulo*, 2021.

SE A CIDADE FOSSE NOSSA

Podemos nos perguntar o que seria *ameaçador* ou *suspeito* para uma população que não consegue distinguir *progresso* e *desenvolvimento* de *danos urbanos coletivos*? E devemos considerar que a polícia, nesse caso, está cumprindo muito bem sua função original, de estar à disposição da defesa de bens e patrimônios de uma parte da população econômica e socialmente privilegiada. Enquanto isso, outros vivenciam perdas e nem se dão conta de que foram lesados no decorrer da história pelos que, hoje, vivem neuroses profundas que surgem e se consolidam pela cultura do medo.

Essa prática de segregação, de forte tom punitivista, é responsável por dar a pecha de *perigosas* a certas regiões, com o intuito de afastar do debate público as violentas desumanidades que são promovidas nesses lugares. E, além disso, a maneira como as camadas dominantes se referem a áreas favelizadas e periféricas reafirma constantemente, mesmo que de maneira subliminar, que essas regiões não fazem parte da cidade.

Ao mesmo tempo, a violência policial segue constrangendo jovens negros, considerados *suspeitos*, com a *cor da ameaça*. Isso alimenta o medo de mães e pais pretos, que temem pela vida de seus filhos e mal conseguem tomar um copo de água enquanto não ouvem o barulho dos passos de suas crias voltando para o lar a salvo. Sem contar que o julgamento, parte de uma definição tendenciosa e racista, que historicamente considera *suspeita* ou *ameaçadora* a aparência de pessoas negras, causa danos psicológicos a essa parcela majoritária da população.

A cidade, nosso ambiente físico de convivência coletiva, não só recebe e absorve discursos, mas também reproduz e

INTRODUÇÃO

espelha – na concepção e divisão dos espaços, em seu desenho e em seu funcionamento – estruturas sociais e decisões, que são também omissões históricas. Assim, é fundamental compreender a cidade também como espaço de consolidação de convicções, ideias, práticas e, ainda, de articulação das tecnologias de opressões usadas e aprimoradas no decorrer do tempo.

Tudo o que existe na cidade, em cada canto e esquina, nos diz muito sobre a sociedade que ali vive. Nenhuma luta que visa a transformações coletivas eficientes pode ser bem-sucedida se as dinâmicas espaciais consolidadas não forem compreendidas. Antes, ou simultaneamente, é necessário alterar também os cenários em que os atores sociais se constituem e se apresentam.

Por isso, falar em *cidade* é, primeiramente, percorrer disciplinas múltiplas e elementos diversos de análise e apuração, desde os primórdios até o dia de hoje, pois, como afirmou o geógrafo Roberto Lobato Corrêa, um dos principais estudiosos das questões urbanas no Brasil, em seu clássico fundamental *O que é espaço urbano,*

> fragmentada, articulada, reflexo e condicionante social, a cidade é também o lugar onde as diversas classes sociais vivem e se reproduzem. Isto envolve o quotidiano e o futuro próximo, bem como crenças, valores e mitos criados no bojo da sociedade de classes e, em parte, projetados nas formas espaciais: monumentos, lugares sagrados, uma rua especial etc. O espaço urbano assume assim uma dimensão simbólica que, entretanto, é variável segundo os diferentes

SE A CIDADE FOSSE NOSSA

> grupos sociais, etários etc. [...] Eis o que é o espaço urbano: fragmentado e articulado, reflexo e condicionante social, um conjunto de símbolos e campo de lutas. É assim a própria sociedade em uma de suas dimensões, aquela mais aparente, materializada nas formas espaciais.[8]

Infelizmente, por força do distanciamento causado pela elitização do ensino superior em arquitetura e urbanismo, as discussões sobre o espaço urbano e suas especificidades são herméticas e tecnicistas. Como não há diálogo aberto entre quem produz e quem vai usufruir desses espaços, perdemos todos parte importante dessa construção coletiva. A ausência de debate entre gestores e usuários das cidades nada mais é do que um sinal de que o Brasil está perdendo o bonde da história, pois percebemos que há fortalecimento dessas pautas em outros países com experiências similares às nossas.

Desse modo, fica inviável para o povo brasileiro cobrar e articular ações e intervenções efetivas no território, de forma a possibilitar transformações estruturais e duradouras. Um dos exemplos disso é a supressão dos símbolos do sistema opressor, uma questão popularizada após os protestos organizados pelo movimento Black Lives Matter, em denúncia à morte de George Floyd nos Estados Unidos, mas que vinha sendo discutida por arquitetas e arquitetos daqui sem apoio ou interesse da população – em especial, dos que são diretamente ofendidos.

---

[8] Roberto Lobato Corrêa, *O espaço urbano*, 1985, p. 9.

INTRODUÇÃO

Esses símbolos, que são verdadeiros marcadores físicos do pensamento social, compõem as estruturas de opressão, controle e dominação. São modos de manter vivos, ainda que de forma anacrônica, ideais que representam as violências históricas destinadas a grupos politicamente oprimidos. No entanto, para avançarmos no entendimento dessa questão, não podemos cair na superficialidade de achar que apenas a supressão repentina e brusca desses símbolos resolveria o problema. Pensar assim seria como cortar uma árvore apenas pelo tronco, deixando as raízes intocadas para que se reestruturem novamente.

Infelizmente, a maneira fragmentada de enxergar os problemas sociais é cultural. Falando especificamente do Brasil, há uma incapacidade generalizada de pensar nossas questões como consequenciais e interligadas. Se penso no problema das trabalhadoras domésticas, por exemplo, preciso fazer o exercício de aglutinar tudo o que envolve essa questão: a mentalidade que desvaloriza trabalhos feitos por mulheres, a divisão racial e sexual do trabalho, a herança escravista e o pós-abolição, a transição do trabalho escravo para o trabalho "livre", a colonização do ser e do saber impregnada na psique de mulheres negras que não conseguem se ver capazes de exercer outro ofício mesmo se formadas em universidade, a deformação do *self* da branquitude que mantém o gozo colonial em ser servido etc.

Nenhuma questão é isolada e todas devem ser observadas em conjunto para que possamos diagnosticar onde e quando cada uma atua e se fortalece. Somente quando recorremos à análise dos fundamentos da estrutura social é que conseguimos estabelecer metas para superar nossos problemas –

nesse exemplo, a precarização das trabalhadoras domésticas. Nessa abordagem, torna-se indissociável da crítica proposta também um questionamento do território onde essa trabalhadora precarizada nasceu e cresceu, o deslocamento na sua jornada de trabalho e como esses índices são limitadores em vários aspectos da existência. Desse modo, conseguimos entender melhor como o espaço urbano influi na vida das pessoas oprimidas. É por isso que a transformação que necessitamos passa pela reflexão sobre o espaço urbano e, consequentemente, sobre os símbolos que *habitam* as cidades. Questioná-los é urgente.

Esses símbolos não podem permanecer no espaço urbano sem serem confrontados. Não podem passar livremente quando se sabe que são marcadores de discursos genocidas, etnocidas e feminicidas. Pelo contrário, a proposta deste livro é levantar questões e trazer elementos para reflexão que enriqueçam um debate que nem ao menos começou a valer. Para darmos os primeiros passos, precisamos voltar nossa atenção para o árduo trabalho de profissionais negros e negras nos meios acadêmicos e intelectuais que vêm propondo questionamentos muito pertinentes sobre a questão urbana. Profissionais esses que pleiteiam um lugar que sempre foi negado nesta seara do pensamento e da práxis.

Neste momento histórico, é fato que o Brasil pobre, preto, periférico e favelizado ainda não ganhou consciência crítica para avaliar que toda discussão sobre as questões sociopolíticas, principalmente sobre as desigualdades, não será eficiente se não houver leitura da influência no e do território. Ou seja, ainda não consolidamos na população o discurso e a produção de saberes *amefricanos* que podem ser decisivos

INTRODUÇÃO

na arquitetura e nos estudos urbanos de nosso país. Um país da *Améfrica Ladina*.[9]

Isso é perceptível na escassez de referências nacionais que analisam e norteiam sobre quando e como a questão urbana se mostra à serviço, central ou tangencial, das dinâmicas das opressões que estruturaram nossa sociedade. Também sofremos da falta de respeito social por esses saberes, que não costumam ser levados a sério e que são reduzidos ao estigma de um trabalho *apenas* militante. Porém, essa cisão entre estudos urbanos e de arquitetura, além das categorias subalternas da sociedade, tem sido alvo de ações de reparação – ainda inexpressivas, embora importantes.

Em tempos de acirramento das lutas e da necessidade de reavaliação histórica dos caminhos já percorridos, essas pautas, antes desprestigiadas e muitas vezes silenciadas, ganham lugar de expressivo destaque. Os holofotes, então, se voltam ao pensamento do direito à cidade que se contrapõe ao sistema de opressões e dominação de corpos que a história categorizou como indesejáveis. O resultado dessa mudança de ótica advém da investigação das raízes das exclusões, segregações e fragmentações que caracterizam as desigualdades sociais e definem territorialmente nosso país.

É necessário avançar nesse sentido, até que qualquer estudo que discorra sobre as cidades seja multidisciplinar

---

[9] Amefricanidade é a categoria política e cultural cunhada pela antropóloga e filósofa Lélia Gonzalez. Confronta a hegemonia eurocêntrica na formação dos discursos acadêmicos e desarticula o imperialismo e a colonialidade do saber e do poder, restaurando identidades apartadas e subalternizadas, como negritude e indígenas, especialmente de latinos e/ou de descendentes africanos. *Ver* Lélia Gonzalez, "Por um feminismo afro-latino-americano", 1988a. *Ver também* Lélia Gonzalez, "A categoria político-cultural de amefricanidade", 1988b.

e articulado com as diversas frentes de luta contra as desigualdades. E esta é também a razão de ser das páginas que compõem este livro: propor uma reflexão sobre as possíveis bases opressoras atuantes desde os primórdios da formação territorial e urbana do Brasil para que, uma vez isso posto, consigamos nos concentrar no debate sobre os espaços físicos onde as dinâmicas sociopolíticas acontecem, ou seja, as nossas cidades atuais.

Trocando em miúdos, o esforço de *Se a cidade fosse nossa* reside em lançar um olhar criterioso sobre nossos acontecimentos históricos mais importantes que culminaram em desfechos territoriais e, por isso, se tornaram marcos definidores do meio urbano. Precisamos compreender como essas questões sociais influenciaram e se fortaleceram na distribuição do território e, consequentemente, como se deu o desenvolvimento das cidades. Desde já, essa compreensão nos oferece uma certeza: a cidade não é de todos, para todos e por todos. Não é das mulheres, da negritude, dos indígenas, dos LGBTQIA+, ou seja, não é dos grupos minoritários quando evidenciamos o acesso a direitos e a poderes sociais.

É importante ter em mente na leitura deste livro que não falaremos sobre utopias para uma nova organização territorial que permaneça sob o vício narcisista eurocêntrico. Nossa posição não é a de quem se coloca em tom professoral ou de superioridade de saberes, pois há urgência em promover uma guinada nos debates sobre o fazer arquitetônico a partir dos grupos sociais que foram suprimidos nesse processo e que, por essa mesma razão, necessitam, mais do que nunca, de instrumentos para reflexão ativa de sua condição como sujeito do e no espaço urbano. É fundamental para os povos

INTRODUÇÃO

oprimidos pela raça e pelo gênero entender que o lugar de subalternidade social que se materializa nas cidades merece se consolidar como lugar de insurgência, de reivindicação histórica de poder social e de reconhecimento da importância de cada cultura excluída.

Além disso, tampouco este livro se dispõe a ser uma narrativa de desqualificação de tudo que já foi feito em termos de urbanismo, planejamento das cidades ou das políticas urbanas e habitacionais. O intuito aqui, na realidade, é levantar o tapete da história para que possamos enxergar, sem medo, os equívocos e os esquecimentos que formaram distopias perigosas. Essas distorções corroboram as opressões estruturais que muitos se empenham, honestamente, em combater, mas sem considerar que há um lócus social que deve falar por si como profundo conhecedor do espaço que ocupa, embora nem sempre consciente dos processos históricos que o levaram até ali.[10]

É uma inspiração construída mediante a absorção de todas as referências que aqui se apresentam e tantas outras que ficaram de fora, mas que indiretamente vem norteando meu processo de entendimento intelectual das experiências orgânicas e empíricas que colhi ao longo da minha vida pessoal e profissional nas periferias e nas áreas favelizadas.

As contradições do Brasil nos levaram a ser um país que apagou – quase que totalmente – as referências que nos permitiriam encontrar a influência negra e indígena, ou a presença de mulheres e pessoas LGBTQIA+, na concepção e na for-

---

[10]   Sobre "lócus social", *ver* Sandra Harding (org.), *The Feminist Standpoint Theory Reader*, 2004. *Ver também* Patricia Hill Collins, *Black Feminist Thought*, 1990.

mação das cidades. Reconhecer tais agentes sociais nos daria contornos da valorização e do orgulho nacional necessários. Precisamos definir as bases para uma nova ordem urbana que também seja preta, que também seja feminina, que comunique nossa diversidade étnica e seja alimentadora do nosso processo de empoderamento individual e coletivo. Isso tudo se afirma em um urbanismo antirracista, anti-imperialista, antissexista e anticlassista que centraliza suas ações a partir da nascente das desigualdades e que repara, no presente, os abismos deixados pelos processos históricos. Aí, sim, chegaremos no ponto que almejamos. Teremos, então, as condições para construir uma vivência urbana mais justa e humana para todas, para todos e para todes em um futuro próximo.

Mas essa prática urbanista renovada, do mesmo modo que as posturas sociopolíticas antiopressões, não vai se estabelecer se continuarmos fechados para esse debate, valendo-nos de subterfúgios já manjados, como a desqualificação das narrativas acadêmicas, intelectuais e empíricas transgressoras que pautam transformações. Se, de maneira geral, alimentarmos o demérito dessas noções fundamentais, as reflexões relevantes continuarão a ser alvo da estratégia de *backlash* ou de revide.

Digo isso pois tenho o hábito de acompanhar não apenas as produções que lutam contra o *status quo* hegemônico, mas as reações que se formam a partir dessas lutas. É impactante ver a agressividade com que as classes dominantes tentam desmobilizar, ridicularizar, invisibilizar, desqualificar e impedir que esses debates aconteçam. E essa agressividade nada mais é do que a manifestação do medo inconsciente de perder a hegemonia e os privilégios que intelectuais estabe-

INTRODUÇÃO

lecidos provêm a quem está dentro dos parâmetros sociais de dominação.

É necessário entender que, se falamos sobre os problemas provenientes de uma estrutura social que nasceu para ser excludente e promover a desigualdade social, estamos lidando com uma complexidade que perpassa, entre outros assuntos concretos, pela subjetividade das pessoas e pelos modos de se relacionar em sociedade. Esse medo que se manifesta pela agressividade, e que vai culminar na violência gratuita empregada nos debates, advém da possível sensação de desproteção intuitiva daqueles que terão que se deslocar do seu lócus social e se entender como opressor – para, depois, se reconstruir e se posicionar como coautor de uma sociedade que tende a dar uma guinada rumo a um estado de equilíbrio que ainda não conhece.

Mas a verdade é que mesmo as pessoas que fazem parte dos grupos privilegiados, dominantes, do topo da hierarquia social, não têm uma experiência de vida plena nessa configuração de sociedade. Essa artificialidade que muitos sentem quando olham para as suas próprias vidas burguesas, elitizadas, assim como as relações entroncadas e problemáticas que se estabelecem no cerne dessas famílias, não é mero acaso. É um sinal da fragilidade que também reside ali. São pessoas imersas em angústias aprofundadas e laços afetivos superficiais – inerentes à condição humana – que se aglutinam, formando um mal-estar que perturba a percepção de um estado de elevação e poder social. Um estamento de destaque que só é possível às custas do estado de calamidade em que o *outro*, criado pelos seus mecanismos políticos de exclusão, está confinado.

Desestabilizando conceitos estáveis com Sueli Carneiro, no lançamento do livro dela *Escritos de uma vida*. Centro Cultural São Paulo, São Paulo/SP, 2019. Foto © Acervo pessoal de Joice Berth.

1.

DESESTABILIZANDO CONCEITOS ESTÁVEIS

"Quero enfatizar a importância de capturar a feitura de algo. Nós fazemos desigualdade. Nós fazemos justiça. Nós fazemos pobreza. Não cai apenas do céu. Quais são os espaços onde quem não tem poder, quem tem menos, pode de fato marcar presença, fazer história, fazer política, mesmo que não resulte em empoderamento?"

SASKIA SASSEN[1]

[1] Saskia Sassen, "Saskia Sassen Talks Finance, Climate, Race, Immigration and How We Can Begin to Fix Our Planet", *Creative Time Reports*, entrevista a Nato Thompson, 27 out. 2014. Tradução minha.

A holandesa Saskia Sassen, uma das maiores pensadoras das dinâmicas do espaço urbano e de suas implicações políticas na atualidade, aconselhou, na entrevista citada na epígrafe, que os sociólogos devem buscar desestabilizar conceitos estáveis.

Segundo ela, estamos em um momento da história em que as complexidades são tão difíceis de lidar que as palavras que sempre usamos para descrevê-las não conseguem mais dar conta de sua real extensão. Isso motivou Sassen a usar o termo "expulsão" para descrever o extremo da vulnerabilidade que atinge determinados grupos sociais neste momento. Grupos esses que passaram dos limites das desigualdades e que estão ocupando, de acordo com as palavras dela, a "borda sistêmica", ou seja, estão à "margem da margem" pois ultrapassaram o extremo da marginalização.

Nesses tempos em que (ainda) vivenciamos uma pandemia, saindo lentamente do expressivo número de casos de covid-19 graças a vacinação em massa, isso ficou irremediavelmente visível e o termo "expulsão" cabe muito bem para descrever nossa realidade atual. Como leitora e admiradora dos estudos e considerações de Sassen sobre a contemporaneidade, passei a refletir sobre essa citação impactante justamente por me trazer um respiro de inovação e despretensão. Essas qualidades se tornam ainda mais especiais nesses tempos em que o pensamento, em geral, parece ter medo de ser profundo, em contraste ao imediatismo da novidade. O negacionismo, tão falado durante os momentos mais difíceis da pandemia, não é exclusividade de um grupo apolítico e antidemocrático – também está presente em discursos generalizados que mantém ideologias limitantes como escudo de defesa. Assim, erros que comprometem o futuro do país não são assumidos por seus responsáveis. O negacionismo está em cada esquina, em cada escrito, em cada discussão ou decisão sociopolítica. Mesmo que não seja verbalizado, há resistência em entender que existem questões não exploradas que tornam as discussões políticas pueris e ineficientes – processo esse que passa pela recusa em rever conceitos e decisões estáveis, embora nocivas.

Vi nessas palavras de Sassen a verbalização de algo que sempre busquei, naturalmente, na vida: desestabilizar conceitos estáveis. De fato, a sociedade acumula uma bagagem cheia de conceitos estáveis em todas as áreas que se possa imaginar, filosóficas, psíquicas, sociais, econômicas, relacionais, civilizatórias, entre outras. Parte disso se dá por conta de nos acostumarmos a usar as mesmas referências como ponto de partida.

Nossas vivências no mundo não são estáticas, são dinâmicas e se movimentam, o que traz a necessidade de se reavaliar o passado para poder compreender quais alterações recaem sobre nós no presente e podem construir um futuro que realmente expresse nossa capacidade de evoluir e seguir em frente. Há problemas em nosso meio que ainda não foram compreendidos e, portanto, não foram superados, principalmente pelo nosso apego a crenças e certezas que sabemos de maneira intuitiva o quanto são inadequadas. Mas nossa *persona* social tem se mostrado mais inclinada a não confrontá-las, quer dizer, o Brasil não é dado a sair das zonas de conforto.

Em síntese, boa parte do que chamo aqui de negacionismo vem da chamada naturalização, ou seja, da consolidação de uma ideia de maneira tão profunda a ponto de paralisar e entorpecer o senso crítico tal qual um dardo de tranquilizante que se atira para imobilizar um animal. Esses conceitos, se é que podemos chamar assim, se tornam estáveis, principalmente, porque definem uma zona de conforto social, política, econômica, cognitiva e psicológica. Mas, na verdade, nenhuma zona de conforto é, me permitam a ironia, *confortável*, à medida que limita nossa capacidade de expansão e delimita até onde podemos nos desenvolver. Assim, permanecemos apegados a crenças (pensamento criado), abraçados a certezas e ficamos remoendo as mesmas angústias históricas.

Precisamos ir ao encontro do desafio proposto por Sassen e nos mover na direção da desestabilização desses conceitos. Saber, inclusive, que a maioria dessas formulações é a sombra ou o espelhamento dos conceitos que estão estabilizados na sociedade e não nos permite compreender com

DESESTABILIZANDO CONCEITOS ESTÁVEIS

nitidez e profundidade os equívocos na leitura das cidades e de seus espaços. Para que isso aconteça, o caminho mais seguro reside na compreensão estrita desses conceitos que ditam as regras sociopolíticas de exclusão e hierarquia, de como se formaram no decorrer da história, do motivo pelo qual se estabilizaram, quem ganha ou quem perde com essa condição de estabilidade e como se dão tais ganhos e perdas dentro dessas zonas de conforto ou privilégios sociais.

Podemos dizer que a triangulação atuante a partir das questões de gênero, raça e classe é um conceito estável? Podemos. Aliás, devemos, pois essa triangulação é e está atuante em nossos meios de convívio, apesar de se esconderem em uma nuvem de neutralidade acomodada no senso comum social. Por quantos séculos estamos evitando discutir essas questões? E por quê?

É estável na sociedade a ideia de que o racismo não existe e de que o machismo é o oposto de feminismo. Enquanto mantemos esses conceitos estabelecidos, não conseguimos assimilar e esmiuçar seus efeitos e consequências na configuração espacial que partilhamos em coletividade.

Pensar que a cidade é um espaço neutro, desprovido de qualquer influência na vida da sociedade é um conceito estável a ser desestabilizado com certa urgência. Aliás, não é exatamente ou tão somente um conceito, mas uma crença. Geralmente, acreditamos e formulamos *pseudo*argumentação para sustentar essa e outras crenças. Para avançarmos nesse entendimento, podemos nos apoiar na definição de Félix Guattari e Gilles Deleuze quando dizem que um conceito só se afirma como tal à medida que apresenta um problema.

SE A CIDADE FOSSE NOSSA

> Todo conceito remete a um problema, a problemas sem os quais não teria sentido, e que só podem ser isolados ou compreendidos na medida de sua solução.[2]

A partir disso, podemos dizer que a síntese dos modos de vida nas cidades se faz numa trama de conceitos, uma vez que há profusão de problemas que demandam soluções. Ao mesmo tempo, volto a afirmar, precisamos nos distanciar dos *conceitos* que se apresentam também como crenças, pois acreditamos na neutralidade como narrativa impeditiva de uma solução real e que, por isso, não nos diz nada além da materialidade das coisas contidas em seus espaços: carros, prédios altíssimos, divisão administrativa dos bairros, sistema de transportes urbanos, espaço para permanência e mobilidade de pedestres, infraestrutura básica como luz, água, saneamento, mobiliário urbano, disposição de parques, praças e áreas verdes, condomínios fechados e pessoas em situação de rua, preço dos aluguéis e tudo mais que compõe nosso cenário de *problemas*. Tudo isso e muito mais faz parte de um alfabeto simbólico que verbaliza diante dos nossos olhos muito do que somos ou pensamos ser, nossas histórias, nossas carências, nossas dúvidas.

Podemos pensar que a materialidade que se estende diante dos nossos olhos é conceitual, mas a maneira como a assimilamos é circunstancial, ou seja, reflete a narrativa que acreditamos existir. Por isso, precisamos pensar nas cidades a partir de dois caminhos, o caminho dos conceitos a

---

[2] Gilles Deleuze e Félix Guattari, *O que é a filosofia?*, 2007, p. 25.

DESESTABILIZANDO CONCEITOS ESTÁVEIS

serem desestabilizados, mas também o caminho das crenças a serem eliminadas da subjetividade coletiva. Assim, poderemos, definitivamente, entender que a cidade não é nossa e, por isso, faz todo sentido falar em *direito à cidade*.

A pichação e o grafite, por exemplo, a despeito da moralidade e da (relativamente) justa criticidade com que o primeiro é visto, uma vez que altera a percepção imagética do meio urbano, são movimentos que desestabilizam a noção de normalidade e, principalmente, a crença na perfeição estética que abafa os horrores que advém da fragmentação separatista do meio social das cidades.

Se a periferia e as áreas favelizadas são *naturalmente feias* devido à impossibilidade de se consumir visualmente os elementos tidos como embelezadores (tintas, reboco, revestimentos e afins), as áreas centrais ou as que se autointitularam nobres precisam ser lembradas a todo custo que a luta de classes e a mentalidade capitalista têm ditado regras excludentes de urbanização, definindo quem, quando e como os espaços podem ou devem ser ocupados.

Enquanto o grafite colore e altera a estética das ruas, o picho dá a dimensão da feiura social que tem sido produzida e varrida para as bordas das cidades – as periferias e as áreas favelizadas – por meio da imagem disforme e ininteligível de escritos que são repudiados pelos donos do capital. Estes, por sua vez, não enxergam o dolo social que vitimiza as pessoas periféricas em um simples deslocamento de suas residências até o local de trabalho, que leva muitas vezes até quatro horas diárias.

Em 2017, o então prefeito de São Paulo, João Doria, sancionou o Disque-Pichação, prevendo multa de até 5 mil reais

SE A CIDADE FOSSE NOSSA

para quem fosse pego pichando muros e patrimônios da cidade.[3] Deixo explícito aqui que não acho que o picho seja algo que deva ser incentivado, pois, além de inconveniente é, sem sombra de dúvida, esteticamente pouco agradável. Uma ampla discussão se formou nas redes sociais sobre a definição do picho como movimento artístico, dividindo opiniões até entre alguns grafiteiros que eram contrários à pichação.

O fato é que a arte não é apenas algo produzido para ser apreciado. No decorrer da nossa história, a arte serviu e serve como expressão subjetiva de desconforto e mal-estar social. Quando Marcel Duchamp, em 1917, nos primórdios do dadaísmo – movimento artístico de contestação da elitização da arte e de promoção da subversão das normas sociais e culturais excludentes – levou um urinol para uma exposição e o nomeou como *A fonte*, ele trouxe, naquele momento, a discussão sobre o que é a arte, quem a define e quem a produz.

A despeito da descoberta de registros históricos que sinalizam para uma possível cooptação do trabalho de uma mulher, a baronesa Elsa von Freytag-Loringhoven, amiga de Duchamp, de quem ele teria se apoderado da obra e apresentado como se sua fosse, aquele urinol se firmou como um marco que mudaria para sempre nossas considerações sobre a arte e sobre o que viria depois.

Será que o conservadorismo que constitui a mentalidade e a persona brasileira não poderia considerar o picho e suas motivações inconscientes como uma espécie de *novo dadaísmo*? Ou de repente entender que a criminalização do picho também é um sintoma de negacionismo, uma vez que seus

---

[3] Prefeitura de São Paulo, Projeto de Lei Municipal 56/2005.

DESESTABILIZANDO CONCEITOS ESTÁVEIS

críticos ferrenhos pouco se preocupam com a verdade por trás do efeito incômodo? Não podemos nos esquecer que o Brasil tem sido negacionista em reconhecer aspectos fundamentais da arte, sobretudo, porque, entre outras funções, a arte pauta e caracteriza a *personalidade social* de um povo. Portanto, é na arte indígena, preta e pobre que está nossa verdadeira identidade nacional.

Tangenciando o dadaísmo que se popularizava na Europa, os afro-americanos também questionaram, por meio da arte, o *status quo* excludente que a branquitude norte-americana pautava (e ainda pauta) em todos os Estados Unidos. O movimento conhecido como Renascimento do Harlem (Harlem Renaissance), que se deu entre o final da Primeira Guerra Mundial até meados da década de 1930, aglutinou uma gama diversificada de pessoas negras brilhantes em todas as áreas artísticas: música, pintura, dança, escultura, ficção, poesia, entre outras.

Aqui vemos a arte usada como restauro da dignidade negra que vinha sendo mutilada pelas leis de Jim Crow e por todas as tecnologias de viabilização do racismo que aniquilavam a negritude norte-americana.[4] Dessa época, surgiriam grandes expoentes da representatividade negra que influenciariam definitivamente a imagem da negritude do mundo todo, como os jazzistas Louis Armstrong e Duke Ellington, os intelectuais W.E.B. Du Bois e Langston Hughes, a escritora Zora Neale Hurston, entre outros.

---

[4] As leis de Jim Crow (Jim Crow laws) eram um conjunto de legislações estaduais e municipais que institucionalizaram a segregação entre negros e brancos nos estados do Sul dos Estados Unidos. Promulgadas inicialmente em 1877, continuaram em vigor até 1964.

Em terras brasileiras, na década de 1970, Hélio Oiticica e seus parangolés também levantaram questões sociais usando a arte como veículo de denúncia. Oiticica, ao tornar sua arte possível apenas mediante a participação e a adesão popular, questionava a exclusão social como principal característica do racismo e elitismo brasileiros.

Além disso, Oiticica contrapunha, em uma ação que precisa ser entendida como decolonial, a ideia de imobilidade do corpo e supressão das emoções como sinal de civilidade, algo expresso na mentalidade eurocêntrica herdada por nós, que associa a emoção ao primitivo e exalta a razão como traço de superioridade humana (sim, há fortes traços de mentalidade eugenista nessa ideia. Vamos falar detalhadamente sobre isso adiante no capítulo 2).

É evidente que, até aqui, estamos falando principalmente de intervenções canônicas que, de alguma forma, obedeciam às regulações estáveis acerca do significado da arte. Nesse sentido, ainda que possamos não concordar com o picho e os prejuízos urbanos decorrentes dessa prática, devemos questionar se a proibição ou a punição é um movimento silencioso de negação do mérito da crítica implícita à sua ocorrência. Se o centro se reivindica como área nobre a partir da ausência de outras representações sociais, como pretos, pobres e periféricos, o picho recoloca, de algum modo, essas existências aniquiladas que mudam a forma das cidades.

A linguagem urbana, para além de concreta, é simbólica. Se o corpo físico de grupos minoritários, que funcionam também como territórios móveis, é recalcado pela elite dominante e predominantemente branca, o confronto de clas-

DESESTABILIZANDO CONCEITOS ESTÁVEIS

ses, raça e gênero se dá pela disputa da narrativa, ou seja, pela disputa discursiva que o picho representa.

Antes da feiura do picho, temos a feiura promovida pelo apagamento de camadas importantes na produção direta e indireta da cidade, como a produção de pessoas negras e indígenas, por exemplo.

Antes da feiura do picho, temos a feiura da segregação socioespacial que é resultante do projeto de genocídio e etnocídio que se iniciou e se estende desde a invasão do Brasil.

Antes da feiura do picho, devemos confrontar a feiura da desumanização a que pessoas em situação de rua foram expostas como resultado das políticas fundiárias que privilegiaram o homem branco e/ou europeu nos primórdios da fundação do nosso país, além da má vontade e da má-fé com que o poder público tem suprimido o direito fundamental à moradia expresso na Constituição Federal de 1988.

Tomo emprestado as falas da poeta mineira Conceição Evaristo, para provocar uma reflexão menos imediatista e punitivista e mais produtiva para a compreensão desse fenômeno urbano que se interpõe, de maneira geral, entre a arte e o vandalismo: "A nossa escrevivência não pode ser lida como história de ninar os da casa-grande, e sim para incomodá-los em seus sonos injustos."[5] Ou seja, o picho é a escrevivência dos quilombos-senzalas que se localizam nas periferias, devidamente assegurados pelo projeto histórico de expulsão (como diz Sassen) de grupos que, inadvertidamente, trazem à tona, de maneira contínua, a memória ancestral das violências coloniais ainda atuantes nas dinâmicas

---

[5] Conceição Evaristo, "Da grafia-desenho de minha mãe, um dos lugares de nascimento de minha escrita", 2007, p. 21.

41

SE A CIDADE FOSSE NOSSA

das cidades. Essa é a luta entre o capital (elite/casa-grande) e os excluídos (oprimidos em geral) que está silenciosamente alicerçada no fazer artístico dadaísta na sua essência.

Devemos aceitar e incentivar o picho? Não.

Mas deixo evidente que é preciso, para aqueles que repousam tranquilamente no berço histórico dos privilégios sociais, compreender que essa arte estridente, que evoca o desconforto subjetivo pelo contato visual incômodo, provavelmente só cessará quando houver o deslocamento da concentração de benesses sociopolíticas, econômicas e, até mesmo, afetivas do espaço urbano. Quando *incomodar* não for uma necessidade. O picho é uma perturbação do lugar tomado pela branquitude. Essa "grafia-desenho", como disse Conceição Evaristo sobre o jeito de escrever de sua própria mãe, é a marca que agride a formulação da lógica colonizadora das cidades para a justa conversão em direitos distribuídos entre todos que vivem e construíram as cidades com as próprias mãos.

Tomo emprestado um conceito da teoria psicanalítica da "formação reativa", que, basicamente, é um mecanismo de defesa do ego para pensar as dinâmicas socioespaciais que se desenvolveram nas cidades ao longo do tempo.[6] De maneira geral, podemos dizer que a formação reativa converte conteúdos mentais inaceitáveis em aceitáveis. Vamos ver isso mais de perto. No caso das cidades, a formação reativa se dá pela ação da branquitude (ou lugar social coletivo ocupado por pessoas brancas) que está em constante desvio da culpa (inconsciente) pelo ônus causado a tantas pessoas. Em

---

[6] Sobre "formação reativa" (*reaction formation*), *ver* Charles Rycroft, *A Critical Dictionary of Psychoanalysis*, 1995.

DESESTABILIZANDO CONCEITOS ESTÁVEIS

resposta a isso, a branquitude desenvolve políticas públicas que parecem empenhadas em atender às demandas populares, mas, no cerne dessas ações, deixa evidente que a única motivação é mascarar problemas que exigem o recuo ou a desistência do monopólio dos direitos – que deveriam ser de todos e acabam convertidos em privilégios sociais seculares, pois somente alguns têm acesso.

Ou seja, não há interesse real em promover mudanças específicas partindo do diagnóstico histórico da formação das cidades, mas há um viés inconsciente que produz a culpa expressa pelo medo da violência, o que, por sua vez, faz com que sempre estejamos às voltas com políticas urbanas que se dizem desejosas de eliminar as desigualdades.

No fundo, todos sabem que a história do Brasil é marcada pelos horrores da escravização de pessoas negras e que tudo o que veio depois disso tem vínculo permanente com a antiga regulação do trabalho escravo. Tal vínculo perdurará enquanto o cerne do problema não for trazido à luz, com muita coragem e responsabilização, por herdeiros que desfrutam dos produtos construídos a partir desse horror histórico.

Aliás, podemos recorrer também à teoria psicanalítica para apurar o negacionismo com que a questão racial é tratada em todos os assuntos sociais, inclusive na arquitetura e no urbanismo. Há exemplos importantes de formação reativa, por exemplo, nas políticas públicas que foram implementadas no decorrer da história da habitação social no Brasil.

As habitações promovidas pela Companhia Metropolitana de Habitação de São Paulo (Cohab) e pela Companhia de Desenvolvimento Habitacional e Urbano do Estado de São Paulo

SE A CIDADE FOSSE NOSSA

(CDHU), por exemplo, são pertinentes na ideia, mas terríveis na execução. Apesar de ter tirado muitas famílias das estatísticas do déficit habitacional, a padronização e o pouco cuidado com a estética desses empreendimentos mostram que, partindo do plano de prover habitação a quem mais precisa, encontraram um modo de perpetuar a desumanização pela eliminação da diversidade que existe na sociedade.

Pessoas são diversas e deveriam ter a oportunidade de participar de alguma forma da concepção das próprias moradias, uma vez que serão as protagonistas do empreendimento. É evidente que precisam ser considerados toda sorte de questões técnicas e os recursos econômicos disponíveis, mas, ainda assim, como a crise habitacional é um dos resultados dos processos históricos de exclusão racial, políticas públicas nessa área deveriam ser prioridade. Além disso, é preciso levar em conta que esses empreendimentos jamais foram reconhecidos como continuadores da exclusão de áreas periféricas e favelizadas que são separadas do restante da cidade.

Quando não se prevê um programa de integração plena da camada social pauperizada à malha urbana, as forças sociais excludentes permanecem atuantes. O cenário que caracteriza a formação reativa aqui é: "Queremos dar moradia para os pobres, pretos e periféricos, mas longe dos nossos olhos e do nosso convívio" ou "Queremos que o lugar físico da subalternidade fique longe dos nossos olhos, mas vamos ao menos adorná-lo com alvenaria para que lembre vagamente o nosso ninho de privilégios".

É fácil perceber que moradores desses programas habitacionais não se livram do estigma de favelados, simplesmen-

DESESTABILIZANDO CONCEITOS ESTÁVEIS

te porque o poder público que executa as políticas urbanas não prevê ações de empoderamento, seja de maneira simbólica ou material. Essa é uma das violências que, de tão naturalizada, sequer é percebida como violência, que dirá uma compreensão de sua magnitude. Estamos falando aqui sobre discriminação de local de moradia quando a escolha de onde morar é um privilégio em um país com déficit habitacional de grandes proporções como é o nosso.

> Quase a metade dos jovens que vivem em favelas evita dizer o local onde mora ao frequentar espaços fora de suas comunidades, segundo pesquisa sobre aspectos econômicos e sociais das favelas brasileiras, divulgada pelo Instituto Data Popular em parceria com a Central Única de Favelas. O estudo aponta que 49% dos entrevistados preferem não revelar que moram em favelas por medo de sofrer preconceito e que 75% acreditam que quem vive em favela sofre preconceito.[7]

Falar em racismo urbano como uma modalidade subjacente da opressão racial brasileira é nomear um problema histórico, permeado de características tão violentas quanto naturalizadas, mas que não são tratadas com justiça pois ainda não damos esse nome ao problema. Infelizmente, na sociedade falogocêntrica,[8] não dar nome às distorções so-

---

[7] Flávia Villela, "Morador de favela teme preconceito e oculta o endereço", *Correio Nagô/Agência Brasil*, [s.d.], s/p.
[8] Comento mais detalhadamente sobre "falogocêntrico" adiante, quando explico a influência do culto ao falo nos arranha-céus das cidades (*ver* p. 220).

SE A CIDADE FOSSE NOSSA

ciais é corroborar o apagamento conveniente de outros desdobramentos da estrutura que atuam de maneira mascarada
e silenciosa.

O fato é que, no âmbito social, o jovem negro e periférico é estigmatizado pelas opressões sociais e pelo sistema
de dominação racista. No espaço físico das cidades, isso não
se altera, ao contrário, ganha contornos mais trágicos que
recriam o padrão de expulsão da transição entre o período
colonial e o pós-abolição.

Nessa fase, como alerta o pesquisador Ramatis Jacino
em sua pesquisa sobre trabalho e renda na São Paulo pós-
-abolição, uma série de medidas institucionais foi tomada no
sentido de excluir completamente a população negra recém-
-libertada da construção da nova sociedade.

A regulação da exclusão foi feita pelos códigos de posturas municipais, principal conjunto de normas que, entre outras questões, tratava do ordenamento espacial das cidades
brasileiras até o final do século 19. Esses códigos são fundamentais para a compreensão histórica de como se deram
os padrões de exclusão promovidos no nível institucional no
Brasil. A meu ver, é possível traçar paralelos entre os códigos
de posturas e as leis de Jim Crow nos Estados Unidos.

Em São Paulo, houve diversos códigos de posturas
que tinham por objetivo promover a segregação racial, com o impedimento de manifestações culturais e à sociabilização da população negra. Destaco,
todavia, o Código de Posturas promulgado em 6 de
outubro de 1886, pois, além de promover as segregações dos anteriores, proíbe ou impede de maneira

DESESTABILIZANDO CONCEITOS ESTÁVEIS

explícita e inequívoca o trabalho para os escravizados e, por extensão aos livres e libertos, considerando a semelhança das ocupações, entre outros.[9]

Ou seja, durante a história da sociedade brasileira, há um conjunto de elementos que instituíram um padrão de exclusão com base no território, com reflexo nas políticas urbanas. Nesse sentido, percebemos o quanto a lógica dos códigos de posturas ainda persevera nas políticas de habitação popular da atualidade.

É essa lógica que nos dá a certeza de estarmos diante de um padrão que se repete, de maneira revista e ampliada, em todas as políticas habitacionais de interesse social que se voltam para a construção de moradias nos bairros em que a população preta, pobre e periférica já ocupa. A despeito das questões psicológicas que envolvem o vínculo que as pessoas criam com o lugar que vivem, há que se considerar que a ocupação e/ou permanência dessa população nas bordas das cidades é resultado de uma urbanização marcada pela divisão racial do espaço. É conveniente para os planejadores e entes públicos que lidam com a questão não pensarem em outras formas de prover habitação para esses grupos que possibilitem o livre trânsito ou a escolha do local de moradia.

Em geral, a negritude e a população de baixa renda como um todo – por questões relacionadas à alienação dos processos históricos de ocupação do território e os direitos que a cidadania garante – consideram como uma dádiva con-

---

[9] Ramatis Jacino, *Desigualdade racial no Brasil*, 2019, s/p. *Ver também* Ramatis Jacino, *O negro no mercado de trabalho em São Paulo pós-abolição – 1912–1920*, 2013.

SE A CIDADE FOSSE NOSSA

seguir inserção nesses programas habitacionais, se importando pouco ou nada com o fato de que permanecer onde estão, com alguma melhoria na habitação, resolve apenas em parte o status social de precariedade. Isso porque, nesse modelo de habitação popular, os mais pobres continuam morando na parte da cidade que não é considerada cidade, o que obviamente acarreta ônus silenciosos no desenvolvimento humano. E podemos citar não só o estigma do favelado, mas principalmente o quanto esse estigma faz parte de um projeto maior de eliminação física e simbólica de sujeitos negros.

O estigma do favelado está inserido na cultura do medo que atua tangencialmente ao racismo urbano. O ambiente de tensão e precariedade compõe o cenário que a antropóloga Rita Segato chama de "pedagogia da crueldade" – condição que paralisa as interações humanas dentro de uma sociedade, limitando ou eliminando toda e qualquer possibilidade de construção da empatia, do cuidado e do respeito mútuo entre pessoas. A consequência da precarização do território é a inibição da possibilidade de se estabelecer laços afetivos e de se construir meios de colaboração social.[10]

A pedagogia da crueldade atua como facilitadora de situações em que a violência imposta pode até indignar, mas acaba por ser normalizada quando o estigma territorial toma a centralidade do fato. Isso é perfeitamente reconhecível nos tempos presentes quando, por exemplo – como aconteceu em uma área periférica do Rio de Janeiro, em 2021 –, o assassinato de Kathlen Romeu, uma moça grávida atingida

---

[10] Rita Laura Segato, *Las nuevas formas de la guerra y el cuerpo de las mujeres*, 2014.

por um tiro de fuzil da polícia, alimenta uma indignação por pouco tempo para, então, se diluir e não ser mais pauta. Isso se dá a partir do momento em que intuitivamente se faz evidente de que se trata de uma favelada executada dentro de uma favela.

Os estigmas não atuam apenas na instância superficial das nossas manifestações humanas. Internalizamos os estereótipos que, por sua vez, passam a ser parte da nossa subjetividade, o que nos faz manifestar respostas alimentadas por essa visão estigmatizada sem nos darmos conta de que o arrefecimento de nossa indignação, por exemplo, se dá porque estamos sob o efeito da pedagogia da crueldade. Então, paralisamos nossa empatia e *mecanizamos* nossas relações.

O racismo no meio urbano trabalha a partir de uma perspectiva muito mais ampla, não só limitando fisicamente a existência negra nas cidades, mas também articulando os padrões históricos de exclusão no nível social e territorial. Nesse sentido, temos mais um elemento que raramente é abordado do ponto de vista da questão racial: a gentrificação.

De maneira sucinta, o termo "gentrificação" foi cunhado, em 1964, pela socióloga britânica Ruth Glass quando ela refletia sobre as alterações observadas na estrutura social e no mercado imobiliário em certas áreas de Londres.

> Um por um, muitos bairros da classe trabalhadora foram invadidos pela classe média – alta e baixa. [...] Uma vez que este processo de "gentrificação" começa em um distrito, continua rapidamente até que todos, ou a maioria dos ocupantes da classe trabalhadora,

sejam deslocados e todo o caráter social do distrito seja alterado.[11]

O termo foi cunhado para explicar uma das facetas da expulsão promovida no bojo das ações das elites econômicas. Essa expulsão acontece nas cidades onde muitos investimentos são feitos em determinado bairro com melhorias na infraestrutura principal (água, luz, saneamento, mobilidade urbana etc.) e secundária (rede de comércio, equipamentos de lazer e cultura, arborização etc.), o que acaba elevando o custo de vida.

Daí que a população pobre que ali reside passa a não ter mais condições de se manter, uma vez que os aluguéis e serviços também têm valores alterados. O supermercado vira hiper e substitui suas mercadorias por produtos elitizados, o que também se traduz no aumento de preço. A oferta de transporte público diminui substancialmente (tanto em itinerário quanto em número de veículos públicos disponibilizados). Ou seja, a cara do bairro já não permite mais que pessoas de baixa renda se reconheçam como pertencentes àquele espaço, entre outras coisas.

Em uma perspectiva racial, aumentam as chamadas batidas policiais e as discriminações em lugares específicos, como em centros comerciais e polos gastronômicos. O preconceito passa a ser mais frequente e mais escancarado. Passei por uma experiência assim como moradora da Zona Norte de São Paulo, no bairro Chora Menino, quando um mercadinho antigo mudou de dono, se sofisticou para aten-

---

[11] Ruth Glass, *London*, 1964, p. xviii. Tradução minha.

DESESTABILIZANDO CONCEITOS ESTÁVEIS

der os novos moradores que começavam a ocupar os empreendimentos de alto padrão que foram vendidos na região e passou a (per)seguir, em suas dependências, pessoas negras, não brancas ou *com cara de pobre*, que resistiam naquela região. Entre essas pessoas, meus filhos e eu.

São essas questões mais sutis que ficam de fora quando seguimos a linha do urbanismo que não considera a perspectiva dos problemas causados pelo racismo, pois falar em gentrificação é abordar também o embranquecimento de bairros negros e de toda uma simbologia que se estabelece em conjunto com essa prática urbana que consolida a mensagem oculta: "Esse lugar não é para você."

Mas gentrificação (*gentrification*) também é uma palavra derivada do inglês, *gentry*, que surgiu na década de 1960 e era usada para caracterizar pessoas de alta classe social ou pertencentes à nobreza. Nessa década, houve um movimento na cidade de Londres em que muitos *gentriers* (ricos, nobres) migraram para um bairro que, até então, abrigava a classe trabalhadora. Esse movimento fez disparar o preço imobiliário do lugar, obrigando os antigos moradores de classe média e baixa a saírem em busca de um custo de vida condizente com o suporte financeiro que aquelas famílias dispunham. Além disso, havia pressão para diminuir a densidade populacional do bairro com o intuito de trazer mais conforto e privacidade aos novos (e ricos) moradores. Então, a gentrificação também pode ser chamada de enobrecimento, aburguesamento ou elitização de uma área.

Nos últimos anos, também tenho pedido atenção para o cunho racista que se esconde por trás da denominação de áreas nobres, logradouros de alta concentração de pessoas que detêm poder econômico e social. No Brasil, os títulos de nobreza eram usados no passado colonial e imperial para caracterizar hierarquias pautadas pelos bens materiais e privilégios angariados às custas de muita exclusão, de muita violência, de muita arbitrariedade e de muita impunidade.

No nosso contexto, essa denominação funciona como um propagador silencioso dessa lógica violenta de segregação passiva, uma vez que é fácil identificar quem e onde se localizam aqueles que não são ou não estão ocupando as áreas nobres: pretos, indígenas e pobres. A menção a áreas ricas das cidades como áreas nobres é a expressão do eurocentrismo contido na divisão racial do espaço urbano, uma organização evidentemente colonial, uma vez que a origem do grupo hierárquico de pessoas que se destacam no sistema de nobreza se origina na Europa, por volta do século 5, conforme nos informa o historiador da Universidade de Brasília, Celso Silva Fonseca.[12]

Os títulos surgiram quando a Europa foi retalhada em vários pequenos reinos. Dentro desses impérios, os nobres formavam uma elite de parentes ou súditos que ajudavam o rei na conquista de novas terras. A partir do século 9, os títulos se tornam hereditários, passando de pai para filho. No Brasil, essas designações de fidalguia aportaram na Colônia, mas foi no século 19, com a ascensão do Império, que os títulos se tornaram marcadores sociais característicos da política e da sociedade nacionais. Mas com uma diferença importante: eles não eram transmitidos de pai para filho. Se o herdeiro de um nobre quisesse ter direito à mesma hon-

---

[12] "Qual a diferença entre os títulos da nobreza?", *Superinteressante*, 18 abr. 2021.

DESESTABILIZANDO CONCEITOS ESTÁVEIS

raria, teria de pagar ao governo.[13] E, cabe destacar, os nobres tinham a função de ordenar o território que ganhavam por designação do imperador. Isso quer dizer que a elitização com a dinâmica de exclusão que ocorre no nível social se reafirma no nível territorial, ou seja, o mito da marginalidade, que reserva um caráter desimportante aos grupos sociais que não estão localizados na centralidade urbana (casa-grande), se reafirma no espaço de convívio: marginalizados tanto na ocupação do espaço quanto no poder social que define, racialmente e de maneira gentrificada, como as cidades se distribuem.

> Ironicamente, o mito da marginalidade possui uma força material real – uma ideologia que informa a prática das classes dominantes e tem profundas raízes na história das cidades latino-americanas. Constitui um instrumento de interpretação da realidade social numa forma que serve aos interesses sociais dos que se encontram no poder. Um mito é tão somente uma ideologia fortemente organizada e generalizada que, na definição de Karl Mannheim, emerge do "inconsciente coletivo" de um grupo ou classe e se radica em interesses de classe que visam a manutenção do *status quo*. Abrange um sistema de crenças, uma distorção metódica da realidade refletida nesse sistema e uma função específica dessas ideias a serviço dos interesses de um grupo particular.[14]

---

[13] *Ibidem.*
[14] Janice E. Perlman, *O mito da marginalidade*, 2005, p. 290.

Essa designação que divide as áreas da cidade segundo a exclusividade do poder socioeconômico dominante é, no mínimo, curiosa à medida que não responde (ou evita responder por uma polidez aristocrática) a seguinte pergunta: se as áreas caraterísticas das cidades são nobres, o que seriam as outras áreas?

Fica nas entrelinhas que são áreas pobres e/ou subalternas, já que estão submetidas a certa população destacada que ocupa o espaço urbano. Desse modo, fica mais fácil naturalizar e contar com a resignação das populações pobres que internalizam o discurso de superioridade da classe dominante, o que bastaria para justificar sua permanência, por merecimento, nas melhores áreas (já que são nobres e, por isso, áreas exclusivas para residência de *pessoas melhores*).

De qualquer forma, já passa da hora dos movimentos sociais que lutam por transformação social se debruçarem sobre a análise do espaço físico e sobre a leitura dos símbolos de perpetuação das desigualdades que compõem o discurso subjetivo das cidades. Esse enfrentamento se mostra a cada dia mais fundamental, uma vez que sem o combate dessas ideologias e de sua metafísica naturalizada – que se inscrevem nos territórios em que transitamos e construímos nossas vidas –, um vínculo informal e inaudível entre a práxis antirracista e antimachista permanece sem abalos. A partir disso, também permanece a retroalimentação coletiva e inconsciente dos ideais que estão na raiz das exclusões e das mortes simbólicas, como temos visto se repetir incansavelmente nas nossas cidades. Essa situação desesperadora compõe o quadro de tecnologias de materialização das desigualdades sociais que se tornam evidentes no espaço físico ocupado.

DESESTABILIZANDO CONCEITOS ESTÁVEIS

A gentrificação é a expressão aberta e inconfundível da luta de classes (da luta da classe dominante contra a classe transformada em subalterna), que se insere no centro da questão habitacional e transforma a moradia em instrumento de consolidação material da hierarquia social. Podemos classificá-la como parte das práticas do capitalismo urbano, uma vez que se vale de uma força simbólica para higienizar áreas pelo simples gozo de reafirmação do poder social no território.

Se temos uma cidade fatiada e essa fragmentação se dá pelas questões sociais históricas, nada mais oportuno do que recompor as lacunas de direitos pensando na possibilidade de um urbanismo verdadeiramente para todo mundo, ou seja, um urbanismo cujas demarcações sociais visíveis na distribuição e no acesso à cidade deixam de existir. É esse o objetivo material que todos os atores que definem o planejamento urbano precisam compartilhar.

Como bem observou Lélia Gonzalez, nas cidades é facilmente identificado que existe o lugar do branco e o lugar do negro ou, como tenho tratado aqui, é facilmente identificada a divisão racial do espaço.

Desde a época colonial aos dias de hoje, a gente saca a existência de uma evidente separação quanto ao espaço físico ocupado por dominadores e dominados. O lugar natural do grupo branco dominante são moradias amplas, espaçosas, sitiadas nos mais belos recantos da cidade ou do campo e devidamente protegidas por diferentes tipos de policiamento: desde antigos feitores, capitães do mato, capangas, até a po-

55

lícia formalmente constituída. Desde a Casa-grande e do Sobrado aos belos edifícios e residências atuais, o critério tem sido sempre o mesmo. Já o lugar natural do negro é o oposto, evidentemente: da senzala às favelas, cortiços, porões, invasões, alagados e conjuntos "habitacionais" (cujos modelos são os guetos dos países desenvolvidos) dos dias de hoje, o critério também tem sido o mesmo: a divisão racial do espaço.[15]

É consenso para a maioria dos urbanistas que há uma lógica excludente na configuração espacial que compõe as cidades. Mas esse diagnóstico não foi aprofundado o bastante para apontar as raízes dessa dinâmica que estão totalmente interligadas à questão racial, primordialmente. O racismo se fortalece quando a existência do lugar social da negritude está bem marcado nas áreas favelizadas e nas periferias em geral.

É importante destacar que a divisão do espaço urbano não é apenas racial. Somos divididos por gênero e classe social também. Entretanto, seguindo a definição de Angela Davis, podemos compreender por que é imperativo que tratemos a ferida social do racismo como linha de frente dos outros padrões de exclusão que compõem a dinâmica da divisão espacial urbana.

É preciso compreender que classe informa a raça. Mas raça, também, informa a classe. E gênero informa a classe. Raça é a maneira como a classe é vivi-

---

[15] Carlos Hasenbalg e Lélia Gonzalez, *Lugar de negro*, 1982, p. 15.

DESESTABILIZANDO CONCEITOS ESTÁVEIS

da. Da mesma forma que gênero é a maneira como a raça é vivida. A gente precisa refletir bastante para perceber as intersecções entre raça, classe e gênero, de forma a perceber que entre essas categorias existem relações que são mútuas e outras que são cruzadas. Ninguém pode assumir a primazia de uma categoria sobre as outras.[16]

Em muitas obras que se dispõe a analisar o problema das desigualdades sociais a partir da fragmentação do espaço urbano, a luta de classes desponta como o principal organismo atuante que define as dinâmicas sociais das cidades. Mas já é hora de entender (ou como disse Lélia Gonzalez, *assumir*) o que estudos e estatísticas comprovam: a pobreza é, primordialmente, negra e, em segundo plano, feminina. No caso das mulheres negras, tendo em vista a tríade raça, classe e gênero como condicionantes invariáveis, a pobreza é simultaneamente negra e feminina.

Podemos ir mais além, já que nosso objetivo é seguir o caminho proposto por Saskia Sassen de desestabilizar conceitos estáveis para que as questões ainda adormecidas se tornem evidentes. O Brasil precisa encarar as questões raciais como característica principal da nossa formação e precisa pensar a produção capitalista das cidades como um disfarce involuntário, uma condição emergente do centro da hegemonia branca que sempre concentrou em si o domínio da narrativa histórica. Nessa trama de discursos, há algo mais profundo que é a colonialidade do saber, um dispositi-

---

[16] Angela Davis, *Mulheres, raça e classe*, 2016, p. 12.

vo de controle que também se ramificou como *modus operandi*, embora quase oculto, formando, entre outros desdobramentos possíveis, o que chamamos de colonialidade urbana.

Sim, pois é a partir da colonialidade enquanto matriz de saber que se pautam discursos de acordo com interesses de proteção dos privilégios sociopolíticos constituídos. A branquitude não é, em termos de contingência, inserida no status de dominante. Há brancos pobres e estes sofrem com a exploração capitalista desde os primórdios da formação da sociedade brasileira. Mas, se por um lado, brancos pobres têm sua mobilidade social cerceada pela questão de classe econômica, por outro, possuem a proteção do grupo dominante por questões identitárias ou, como cunhou Cida Bento, pelo "pacto narcísico da branquitude".[17] *Grosso modo*, isso significa que o grupo de pessoas brancas manifesta maior força de coletividade por exercer uma espécie de codificação racial silenciosa. Esse pacto, em maior ou menor grau, impede que seus iguais sociais permaneçam nas mesmas condições de precariedade impostas aos grupos formados por não brancos.

> Eu sempre digo, branquitude não é transparência, é posicionamento, é visão de mundo – então nas instituições e na sociedade civil se estabelecem regras a partir de uma perspectiva branca. O pacto narcísico é essa perspectiva que favorece, que fortalece, que protege, que assegura privilégios para o branco à medida que reserva os melhores espaços institucionais para

---

[17] Cida Bento, *O pacto da branquitude*, 2022.

ele, independente da intencionalidade. [...] Ele [o pacto] não é uma coisa instintiva, mas fala de uma grande cumplicidade, que faz com que o branco acredite no outro branco, ache que o outro branco é realmente mais bonito, que aquele cabelo é o que funciona bem dentro de instituições, que aquela pessoa branca vai seguir as regras, vai assegurar que tudo funcione direito. Por isso esta confiabilidade no branco e essa tendência a trazer outros iguais para o seu entorno.[18]

Nesse sentido, podemos trazer a síntese desse movimento social expresso pelo conceito cunhado por Cida Bento, presente na música do grupo de rap Racionais MC's: "Negro e branco pobre se parecem, mas não são iguais."[19] Isso significa que o pacto narcísico da branquitude, que é a maneira que pessoas brancas vivenciam a estrutura racista na prática, garante à pessoa branca pobre não uma porta fechada como reserva para a pessoa negra, mas uma porta entreaberta ou talvez uma espécie de *senha subjetiva* dada pela cor da pele ou, ainda, a percepção da identidade racial branca que informa o pertencimento a esse grupo identitário, ainda que as distâncias socioeconômicas tornem as relações assimétricas.

Para compreender mais a fundo essa dinâmica, podemos observar o andamento das relações intra e extragrupos sociais durante a história colonial, considerando que sujeitos brancos não passaram pelo processo de distorção de sua

---

[18] *Idem*, "O pacto de morte do racismo", *Quatro Cinco Um*, entrevista a Carine Nascimento, 19 nov. 2020.
[19] Racionais MC's, "Racistas otários", *Holocausto urbano*, 1990.

SE A CIDADE FOSSE NOSSA

autoimagem – uma das consequências da desumanização a que outros grupos foram expostos.

Essas distorções são concretizadas mediante a aplicação de diversas articulações entre o deslocamento negativo da autopercepção, estereótipo e descaracterização, entre outros elementos, que fazem com que pessoas negras assimilem a ideia de inferioridade, de sujidade moral, de subalternidade como componente inato, entre outras coisas. E isso garantiu, no decorrer da história, manipulações e domínios de corpos pela fragilização psicológica desses indivíduos, à medida que estes passaram a acreditar na superioridade branca e buscaram se igualar a ela, rejeitando sua autoimagem ou tudo o que fosse percebido como igual.

Sendo assim, podemos constatar com certa facilidade, sobretudo na negritude brasileira, uma dificuldade muito grande de fortalecer o entendimento de comunidade, de coletividade, pois a autorrejeição se manifesta nas relações dentro de grupos da negritude. Por isso, é risível quando atribuem de maneira pejorativa a pecha de *identitários* ao movimento negro por emancipação, uma vez que isso demonstra um total desconhecimento dos efeitos psíquicos do racismo na vida das pessoas.

Esse mesmo conceito de pacto narcísico da branquitude pode servir para entender a questão psíquica que está por detrás dos nichos urbanos autoproclamados nobres, que foram construídos e se mantêm nas cidades sem que isso seja tratado como sintoma territorial da divisão racial do espaço, e até a própria ausência da discussão racial nas políticas de desenvolvimento urbano que se estabeleceram ao longo de nossa história.

O urbanista de São Paulo é o capital?

"As reformas urbanas, realizadas em diversas cidades brasileiras entre o final do século 19 e início do século 20, lançaram as bases de um urbanismo moderno 'à moda' da periferia. Realizavam-se obras de saneamento básico para eliminação das epidemias, ao mesmo tempo que se promovia o embelezamento paisagístico e eram implantadas as bases legais para um mercado imobiliário de corte capitalista. A população excluída desse processo era expulsa para os morros e franjas da cidade."

ERMÍNIA MARICATO[20]

Nas escolas de arquitetura e urbanismo, a ênfase dos estudos acadêmicos sobre os problemas das cidades tem sido a produção capitalista do espaço, devidamente expressa pela hierarquia das classes sociais (dominantes x dominados ou elite e classe média x pobres) e a respectiva reprodução dessa hierarquia nas cidades. De fato, há uma divisão socioeconômica inegável que define quem e onde cada grupo pode ocupar.

Mas essas análises não deram conta de explicar, por exemplo, que, mesmo nos espaços periféricos, essa hierarquia de classes se reproduz, fazendo com que a periferia não seja homogênea na sua composição socioeconômica. A análise pautada pela divisão capitalista do espaço, sozinha, não dá conta de trazer à tona as especificidades e as complexidades

---

[20] Ermínia Maricato, *Brasil, cidades*, 2013, p. 17.

SE A CIDADE FOSSE NOSSA

que se desdobram e se reproduzem nos espaços para onde as populações expulsas se assentaram.

O capitalismo que emergiu com a composição urbana e como resultado da revolução industrial não foi o idealizador do racismo e do machismo que estruturaram a sociedade. Estes já existiam por aqui. Mas é o capitalismo que imprime personalidade própria para o racismo e o machismo enquanto sistema de dominação e exploração. Esses três componentes passam a atuar conjuntamente e de maneira quase sempre sincronizada. Na esfera social, por consequência, se estende para a ordenação do nosso território, do nosso espaço urbano, das nossas cidades.

Do final do século 18 até o início do século 20, a concepção desse urbanismo moderno foi marcada pela transição do colonialismo para a colonialidade, ordem social que se firmou como matriz de poder em um processo que, segundo Aníbal Quijano, se iniciou na Europa renascentista, atravessou o iluminismo e foi ganhando força na argumentação que convertia as diferenças biológicas em organizadores sociais.[21] Para tais fins, a segregação era facilitadora da exploração e da transformação de direitos em privilégios sociais.

Entender os mecanismos de segregação é importante para aprofundar as questões da racialização da população expulsa para os morros e franjas da cidade. Sem esse apontamento, internalizamos o capital como máscara da questão racial que é inerente a todo o processo de formação urbana que se mantém até hoje.

---

[21] Aníbal Quijano, "Colonialidade do poder, eurocentrismo e América Latina", 2005.

DESESTABILIZANDO CONCEITOS ESTÁVEIS

Percebam como até bem pouco tempo atrás, os urbanistas de maneira geral não encaravam de frente a raiz das intenções que já se anunciavam nas primeiras décadas da República: a ressignificação da mão de obra escrava em *assalariada*, transição que evidentemente trazia em seu bojo uma nova forma de segregação da negritude como um a fator essencial e indissociável da formação do espaço urbano. Os verdadeiros assalariados não saíram da população negra, eram europeus trazidos para substituir os libertos e, posteriormente, ocupar os postos que se abriram com a industrialização.

A divisão racial do trabalho da emergente sociedade industrial pós-colonial é a matéria-prima da divisão racial do espaço urbano, pois, assim como nas colônias, uma das células conceituais que precedeu a configuração das cidades, a divisão casa-grande e senzala, era dada pela divisão do trabalho em exploradores e explorados. E essa lógica não só foi predominante, como se consolidou no formato de cidade que temos hoje, em centro e periferia.

Como bem podemos ver na citação a seguir, Ramatis Jacino, ao fazer uma leitura crítica das condições de trabalho da população negra brasileira no pós-abolição, não distancia sua análise dos efeitos da transição da lógica de exploração da escravidão para a pseudoposição de assalariado que comportou quase que exclusivamente brancos pobres e excluiu a negritude recém-alforriada.

Além do cumprimento da legislação nacional, normas específicas da capital paulista tentavam regulamentar e direcionar o papel dos escravizados e ex-escravizados no espaço urbano, ao longo do período de transição do trabalho escravo para o trabalho assalariado. Nessa cidade, a ideia de modernidade e suas consequências foram maximizadas pelo novo e empreendedor grupo dos ricos agricultores. As transformações na metrópole implicavam a expulsão dos negros (fortemente identificados com o escravismo a ser superado) do trabalho e de certos lugares da cidade, dando espaço a estrangeiros ou permitindo a ocupação por setores médios e das elites nas regiões centrais então valorizadas. A expulsão se dava com novas exigências legais, padrão de construção, higiene e artifícios jurídicos.[22]

O que é importante observar a partir dessa citação é que o capital não tem exclusividade na ação urbanista de concepção das cidades. O racismo divide essa função com o capital e, na maioria das vezes, foi e tem sido o protagonista absoluto.

Desde as últimas eleições presidenciais, tem se alardeado a polarização que teria tomado conta da política. Mas essa polarização está presente em diversos meios sociais, bem como na divisão das cidades. Não é preciso ser profissional ou especialista em questões urbanas para concluir que o centro é munido de toda a infraestrutura urbana necessária para o bem-viver, enquanto as periferias e áreas favelizadas são o oposto disso. Quanto mais distantes do centro, mais precário é o acesso a essa mesma infraestrutura, o que trans-

---

[22] Ramatis Jacino, *op. cit.*, 2013, p. 22.

DESESTABILIZANDO CONCEITOS ESTÁVEIS

forma elementos absolutamente comuns, como uma cobertura de ponto de ônibus, por exemplo, em privilégio social.

A título de análise, é importante deslocar a demarcação administrativa vigente para abarcar bairros que se distanciam sensivelmente da região central, mas ficam no entorno imediato, como é o caso, em São Paulo, dos bairros Vila Mariana, Pinheiros, Vila Madalena, Moema, Vila Nova Conceição, Itaim Bibi, por exemplo, bairros que concentram as maiores rendas per capita do município e são constantemente descritas como áreas nobres.

Volto a dizer que é importante entender conceitualmente como o senso comum caracteriza essas áreas nobres. Há, nessa simples expressão, não apenas a sinalização de uma área dotada de grande status e conforto, mas – não sejamos ingênuos –, a recusa em identificar o conteúdo discursivo que expõe uma ideia de superioridade tipicamente colonial.

Toda matriz de poder trabalha a partir de tecnologias ou conjuntos de práticas que englobam discriminações, segregações, apagamentos, exclusões, negacionismos, inversão de valores etc. A feminista e acadêmica afro-americana Patricia Hill Collins nos oferece o conceito de "imagens de controle" para descrever as práticas usadas pelo racismo e pelo machismo no âmbito da comunicação de massa, noção que a acadêmica e pesquisadora brasileira Winnie Bueno atualiza, aprofunda e situa com exemplos dos tempos atuais.[23]

Podemos seguir a mesma linha de pensamento e ampliar esse conceito para as questões que levanto aqui em *Se a cidade fosse nossa*, chamando as imagens de controle de *discursos*

---

[23] Patricia Hill Collins, *Pensamento feminista negro*, 2019. *Ver também* Winnie Bueno, *Imagens de controle*, 2020.

simbólicos de controle. Se consultamos qualquer dicionário de sinônimos, observamos o quão narcisista é o discurso por trás do verbete *nobre*, adotado para pautar territórios urbanos predominantemente ocupados pelo grupo dominante branco e rico: real, ilustre, elevado, notável, generoso, magnânimo, majestoso, destemido, bravo... Fazendo o caminho inverso, os discursos simbólicos de controle destinados a periferias e áreas favelizadas estão focados, principalmente, no medo, no abandono, na escassez e expressos por nomenclaturas como borda, resto, fim de mundo, cafundó do judas, franjas ou, como foi adotado pelos moradores dessas áreas, *comunidade* (do latim *communitas*, comunidade, companheirismo ou de *communis*, comum, geral, compartilhado por muitos, público).

Apesar de haver afeto na denominação *comunidade*, não deixa de ser um ato subversivo de contraponto aos discursos de controle das autoproclamadas áreas nobres, onde o que está nas entrelinhas é a ideia de exclusividade, o *nós e eles*, tão característico da mentalidade das elites brasileiras que ostentam e alimentam um orgulho mórbido em ser exceção. É um traço desumanizador que permeia até as escolhas para consumo nas cidades, como, por exemplo, no fenômeno da "condominização" – como disse certa vez o psicanalista Christian Dunker.[24] Se as autoproclamadas áreas nobres das cidades são a transposição anacrônica da casa-grande para o meio urbano, os condomínios são literalmente o *trono* dessa suposta nobreza.

---

[24] Christian Dunker, "Christian Dunker analisa a vida entre muros", *Carta Capital*, entrevista, 11 maio 2015.

DESESTABILIZANDO CONCEITOS ESTÁVEIS

Nas cidades, não há sintoma social mais proeminente do que o gosto pela exclusividade que as classes dominantes se valem como trunfo separatista para estabelecer quem é nobre e quem é marginal. É o marcador físico do privilégio dos acessos, do mesmo modo que as marcas de luxo ostentadas na moda, na indústria automobilística, nas artes e em outros campos também o são. Na mentalidade capitalista brasileira, o ser não pode existir sem o ter e o ter é sempre marcado por algo exclusivo ou de difícil acesso. É assim que a habitação também se converte em elemento de afirmação de hierarquias sócio-urbanas.

Quem consegue comprar uma casa nas áreas de concentração de exclusividades ou de marcadores físicos da segregação social é nobre. Todos os outros ocupam uma escala de marginalidade e o extremo de exclusão é a população em situação de rua.

Sob a desculpa do medo ou da busca por uma segurança absoluta (e ilusória), os autointitulados nobres contemporâneos escondem-se por detrás de muros altíssimos e cercas elétricas, tentam reproduzir uma infraestrutura *natural* e tratam de adornar com tudo que julgam ser essencial para a sobrevivência. E sim, é. Mas para a sobrevivência material, não para a sobrevivência psíquica que pressupõe o contato com o outro como ponto de partida de seu equilíbrio.

As elites brasileiras, na ânsia de sublimar os tormentos (quase) silenciosos que herdaram dos senhores e senhoras de engenho, escravizadores e algozes de outrora, deslocam cada vez mais a própria humanidade, vestindo-se de um negacionismo que tenta os convencer de que não precisam do contato com o outro para se fortalecerem enquanto indivíduos.

Nossa sociedade como um todo evita pensar em até que ponto as condições de vida em sociedade são consequenciais e não circunstanciais. Somos produtos de escolhas e omissões que geram ônus e bônus. A violência, por exemplo, obedece uma pedagogia que se alimenta ainda mais da cultura do medo expressa na elaboração sofisticada da condominização. Essas dinâmicas estabelecem uma ação cíclica: combatemos a violência usando elementos extremamente violentos, como a ideia separatista e dicotômica de área nobre x comunidade.

Portanto, a polarização política é mais um conceito estável a ser perturbado para que não haja mais espaço para a demagogia que nos torna cada vez mais insensíveis com as limitações de alguns grupos sociais que estão fora das esferas elitizadas ou da verdadeira classe média. Um sinal de conscientização tanto racial quanto de gênero e de classe seria o questionamento ativo e contínuo das exclusividades. Infelizmente, os grupos minoritários apreciam e desejam se inserir no esquema da exclusividade, sem se dar conta de que esses privilégios são responsáveis por abismos sociais e urbanos.

O próprio conceito de classe média, alargado de maneira perigosa a partir da facilitação ocasional de acesso das classes mais baixas aos bens de consumo básicos (as pequenas exclusividades ou as exclusividades simbólicas), que se deu a partir da era Lula (2003–2010), foi extremamente prejudicial para aferir status social. O alargamento mascarou o fato de que a pobreza não é medida apenas pela quantidade de bens de consumo, mas pela segurança financeira mínima dada pela aquisição de um imóvel próprio em lugares da ci-

DESESTABILIZANDO CONCEITOS ESTÁVEIS

dade que estão livres da desvalorização – o que não é o caso das Cohabs e CDHUs e, de certo modo, nem das Habitações de Mercado Popular (HMP),[25] que tiram famílias da insegurança habitacional, mas não eliminam o estigma da pobreza. Faz-se importante observar que não tivemos políticas habitacionais que conseguiram romper com o nicho segregacionista das áreas nobres.

Toda vez que se enseja uma ocupação dessas áreas por grupos sociais que não são *nobres*, a expulsão se dá na velocidade da luz. Um caso emblemático ocorre na capital paulista, no bairro de Vila Leopoldina, onde três favelas seriam removidas e reposicionadas em conjuntos habitacionais promovidos pela Votorantim em uma área que, anteriormente, era de propriedade da Companhia Municipal de Transporte Coletivo (CMTC). A Votorantim construiria os conjuntos habitacionais em contrapartida às vantagens que receberia da prefeitura para explorar os terrenos oriundos da remoção. O projeto estava previsto no Projeto de Intervenção Urbanística (PIU) Vila Leopoldina. Desde 2014, os moradores da região já se mostravam resistentes à implementação de Zonas Especiais de Interesse Social (Zeis) previstas na nova lei de zoneamento.[26] As Zeis foram demarcadas ali, mesmo a contragosto. São um dos principais instrumentos legislativos para se atuar na problemática do déficit habitacional. Implementar uma Zeis em um bairro como a Vila Leopoldina é uma ação tímida, mas importante para que o cha-

---

[25] Modalidade habitacional similar à Habitação de Interesse Social (HIS), só que destinada a um público com renda um pouco acima dos padrões da HIS.
[26] Prefeitura de São Paulo, Lei nº 16.402/16. Comento detalhadamente sobre as Zeis quando analiso o Estatuto da Cidade *ver* p. 97 e ss.

mado urbanismo inclusivo seja efetivado, uma vez que traz a possibilidade de promover uma ruptura da lógica centro/periferia no tecido urbano.[27]

Mas as reações dos moradores deixaram explícito que as questões sociais estão historicamente inseridas nas decisões e definições que incidem sobre as cidades. O argumento dos opositores à implantação das habitações na região era de que o imóvel (terreno) estaria contaminado. Porém, acompanhando as discussões de perto, podia-se entender – nas entrelinhas dos discursos – um conteúdo inconsciente extravasando a ideia supremacista de que as hierarquias sociais não poderiam ser materializadas no espaço físico, afinal, uma das crenças construídas pela colonialidade é de que classes sociais distintas e opostas não podem se misturar. Então, surgiu todo tipo de preconceito, discriminação e racismo velado.

No verão de 2023, tivemos um exemplo prático de como as elites urbanas atuam na segregação racial do espaço urbano. No litoral norte de São Paulo, em decorrência da ineficiente administração da crise climática, que já deveria ser vista como ponto de partida para políticas urbanas, houve 65 mortes e centenas de famílias perderam suas casas. Embora os condomínios de luxo, que constam em grande número em toda a região, também tenham sido gravemente afetados pelo volume inesperado das chuvas, foi a população pobre a mais vitimada, especialmente pela destruição irreversível de suas casas construídas no pé das encostas (que são os lugares que *sobram* na divisão racial do espaço). Se na Vila

---

[27] Gustavo Fioratti, "Construção de conjunto habitacional gera embate na Vila Leopoldina, em SP", *Folha de S.Paulo*, 15 jul. 2022.

DESESTABILIZANDO CONCEITOS ESTÁVEIS

Sahy, a catástrofe foi tamanha, pelo menos em Maresias a destruição poderia ter sido minimizada, tendo em vista que a prefeitura de São Sebastião, em 2020, tinha em mãos um plano habitacional que previa moradias para as populações de baixa renda em terreno da própria municipalidade. Mas essa construção não foi iniciada, pois grupos de moradores da região se mobilizaram para impedir que o projeto habitacional fosse implantado, sob alegações diversas, todas de cunho higienista, disfarçadas de preocupação com a desvalorização da área.[28]

Situação parecida aconteceu também na cidade São Paulo, no bairro da Mooca, com as obras assistenciais promovidas pelo padre Júlio Lancellotti que foram realocadas para outra região, pois os moradores do entorno alegaram que a presença de pessoas em situação de rua (que se valia da distribuição de refeições e outros atendimentos) representaria a degradação e marginalização de uma área residencial.[29]

Estes são exemplos pontuais – porém, sabemos que são muito mais recorrentes do que parecem – da perpetuação da mentalidade eugenista definindo a olhos vistos quem pode estar e ocupar a cidade e, mais ainda, a quem se destina o lugar físico possível de acordo com o lugar social estabelecido pelas opressões e pelas desigualdades de raça, classe e gênero.

Nenhuma dessas questões podem ser tratadas sem se considerar como são espelhadas nos diferentes territórios

---

[28] Poliana Casemiro, "Grupo faz abaixo-assinado contra construção de conjunto habitacional em Maresias", *G1*, 2 fev. 2020.
[29] Mariana Zylberkan, "Mudança de centro onde padre Júlio dá café a moradores de rua mobiliza vizinhos na Mooca", *Folha de S.Paulo*, 15 fev. 2023.

SE A CIDADE FOSSE NOSSA

e nos espaços físicos de convivência conjunta. Se a cidade fosse nossa, essas limitações sequer seriam cogitadas e a fragmentação não seria a principal característica do nosso espaço urbano. Tanto o caso da Vila Leopoldina, da Mooca, na capital paulistana, quanto o de São Sebastião, no litoral norte de São Paulo, nos mostram que os problemas que se apresentam nas cidades não são obra exclusiva do mau planejamento ou do inchaço das cidades promovido pelo êxodo rural da segunda metade do século 20. O crescimento urbano desordenado é uma questão importante, mas não foi a causa única do que vemos atualmente. As cidades são o chão onde todas as ideologias segregacionistas e negacionistas se sustentam, se materializam e ganham forma.

Que forma? De prédios, de parques e avenidas, de mapas da divisão do espaço, de calçadas conservadas ou abandonadas, de monumentos, bustos e obeliscos, entre outros símbolos que a cidade comporta. Ou seja, pensamos e articulamos no nível social, mas é no chão que as cidades se erguem – e onde todas as ideias e práticas opressoras se erguem conjuntamente.

Por isso, não é realista negligenciar a leitura e a intervenção territorial nas lutas antiopressões estruturais como vem sendo feito. Essa também é uma ideia ou um conceito estável no cerne das organizações antirracistas, antimachistas e antielitistas. E que acaba retroalimentando, de alguma forma, outros conceitos estáveis que sustentam o sistema de dominação e nos impede de ter um desenvolvimento pleno e duradouro. Vamos começar, então, nos comprometendo com o exercício de desestabilizar essas ideias por meio do olhar crítico que, muitas vezes, parecerá absurdo a

DESESTABILIZANDO CONCEITOS ESTÁVEIS

muita gente. Como acontece, repetidas vezes, com a noção do direito à cidade como uma questão que se limita a uma permissão para viver dentro de uma cidade. Sabemos que o direito à cidade significa muito mais que isso.

Tanto por questões sociopolíticas como por questões de direitos humanos, a maneira como nos comunicamos talvez esteja trabalhando menos a favor da organização social do que gostaríamos. Temos muita informação circulando em alta velocidade atualmente, mas absorver e assimilar essas informações de maneira eficiente, com o objetivo de aplicá--las às diversas demandas sociais pendentes, é outra história. As desigualdades sociais que caracterizam nossa sociedade e que estabelecem uma assimetria entre as condições de existência de pessoas não são obra do acaso. Na verdade, são resultados visíveis, porém, naturalizados e transparentes, do andamento mal elaborado da história, em que pendências foram se avolumando e construindo um ambiente desfavorável para alguns grupos sociais.

Esse andamento mal elaborado também não é obra do acaso. Tampouco as pendências resultantes dele. São resultados de intenções reais que motivaram omissões com as necessidades humanas de alguns grupos em nome da situação favorável para outros. A opressão social se refere à limitação, por meio de ações sociais, mas, de cunho político, da mobilidade ou desenvolvimento de alguns grupos dentro da sociedade.

Diante o nosso distanciamento involuntário do entendimento dos conceitos, de nosso pouco embasamento para absorver o que é comunicado pelas palavras, tenho me esforçado para sempre apresentar definições contidas nos nossos

SE A CIDADE FOSSE NOSSA

principais dicionários. Falamos muito em opressão, oprimir e oprimidos. Mas o que essas palavras comunicam? Se pesquisamos sobre oprimir, por exemplo, vemos que têm a ver com pressionar, apertar, dominar, reprimir, submeter, tiranizar, onerar, angustiar, atormentar... Essas características descritas pelos dicionários nos ajudam a entender melhor toda a profundidade da ação de oprimir, mas também de sofrer a opressão, já que nos dá a oportunidade de entender intuitivamente a questão das tecnologias da opressão, ou seja, das práticas variadas em que a ação de oprimir se estabelece, incluindo desde maus tratos, exploração e abusos sistemáticos de um ou mais grupos de pessoas, passando por práticas mais sofisticadas como, por exemplo, o corte de uma linha de ônibus em um bairro da periferia sem prévio aviso e/ou a solução adequada para substituição do itinerário retirado.

Isso só é possível quando um grupo detém poder social sobre outro nas relações que se desenvolvem dentro da organização da sociedade. Esse poder social se dá por meio do controle das instituições organizadoras e provedoras que ditam leis, costumes e normas que caracterizam modos de ser e existir de uma determinada sociedade. A opressão social organiza os grupos dentro da sociedade de tal modo que constrói posições e, consequentemente, condições assimétricas, ou seja, cria hierarquias a partir da raça, da classe, do gênero, da sexualidade e das diferenças humanas.

Faz-se necessário lembrar aqui, ainda, que raça e gênero são modos sociopolíticos de organizar nossas diferenças biológicas, que em nada aumenta ou diminui nossas capacidades e qualidades morais, uma vez que, com frequência, as pessoas se confundem sobre o termo *raça* e afirmam que somos todos humanos, o que é obviamente uma verdade. No entanto, embora sejamos todos humanos do ponto de vista biológico, no que cabe aos interesses sociopolíticos, dividir pessoas em categorias distintas, diminutivas e hierárquicas, tendo como base as diferenças biológicas, tem sido a práxis do sistema atual na produção das desigualdades resultantes das opressões. Raça e gênero são conceitos que, de tão estáveis, já não são mais percebidos como sociopolíticos.

Aqueles que estão no grupo dominante criam condições e utilizam práticas para fomentar a opressão de outros grupos, que são distinguidos a partir das diferenças biológicas convertidas em organizadoras sociais. Constroem privilégios que garantem para si, ao isolar e limitar as condições de desenvolvimento desses outros grupos, uma condição de acesso a direitos, a recursos e a gozo, bem como a melhor qualidade de vida e a mais chances de alcançar uma existência segura e qualificada em geral.

Aqueles que sofrem o impacto da opressão têm menos condições de acessar direitos, ainda que já garantidos por leis, menos acesso a recursos que garantem o bem-estar social, menos poder político, menor potencial de expansão e desenvolvimento econômico, piores condições de saúde física e mental, o que acarreta maiores taxas de mortalidade e menores oportunidades na vida em geral. Essas informações são facilmente apuradas pelos órgãos que pesquisam e colhem dados capazes de nos dar uma leitura sobre os indicadores de desenvolvimento humano.

Com todas essas questões que circundam nossa existência em sociedade, já dá para concluir que é ingênuo pensar que nada disso afeta as cidades, os territórios, os espaços físicos ocupados, não é mesmo? Em nossa sociedade, não é necessário grande exercício reflexivo para apurar quais grupos são oprimidos e quais são opressores. Basta uma breve observação para acionar o entendimento intuitivo e perceber quem tem condições de evolução e quem apenas está sobrevivendo e (r)existindo.

E, ainda assim, para os mais incrédulos ou menos intuitivos, temos todos os fatores históricos disponíveis em material acadêmico, literatura, cinema, teatro, música etc., além de relatos e registros empíricos deixados pelos nossos antepassados, que nos levam seguramente a compreensão de que a sociedade brasileira começa se organizando de maneira inadequada e que, ao longo de nossa história, não se ocupou de corrigir os resultados dessas inadequações. Esse esforço de superação está longe de ser ideal.

Um bom indicador espontâneo para apurar as consequências da nossa formação urbana é a questão da segurança. Quando se faz a pergunta "Quem morre mais?", seguida de "Quais os crimes menos solucionados?", nós temos o resultado evidente da ação das desigualdades no país. Mas há uma pergunta oculta necessária para os estudos sobre a influência da questão urbana no *modus vivendi* e no *modus operandi* das opressões sociais: "Quais os lugares das cidades onde mais ocorrem genocídios e feminicídios?" Falaremos mais sobre isso adiante, no capítulo 3.

Outro ponto importante que deve ser esmiuçado para nortear nossas reflexões é sobre as estruturas sociais. Sabemos que há opressões em nossa sociedade. Também sabemos minimamente como as opressões atuam. Mas o que exatamente estamos querendo dizer quando avisamos que as opressões

DESESTABILIZANDO CONCEITOS ESTÁVEIS

sociais são estruturais e estruturantes da sociedade em que vivemos?

Tenho usado com sucesso uma explicação bastante ampla sobre comoção à violência para que essa questão seja entendida em seus pormenores, mas, antes, abro um parêntese para pensarmos o porquê de ser tão importante compreender o significado de estrutural e estruturante. Cito aqui um trecho do documentário dirigido pela premiada cineasta Ava DuVernay, *A 13ª Emenda*, que fala sobre encarceramento em massa nos Estados Unidos:

> A história não se faz de coisas que acontecem acidentalmente. Somos produto daquilo que os nossos ancestrais escolheram, se formos brancos. Se formos negros, somos produto daquilo que os nossos ancestrais não escolheram. Mas aqui estamos, todos juntos, produtos desta série de escolhas, e temos que entender isso para escapar delas.[30]

Isso nos dá a dimensão da responsabilidade que devemos assumir se realmente quisermos outro marco civilizatório, mais justo e equilibrado para as gerações vindouras.

Essa fala exibida no documentário é um verdadeiro chamado para aqueles que acreditam que não tem absolutamente nada a ver com o que seus antepassados fizeram e até se comovem com crimes como o assassinato de George Floyd ou do menino Miguel (que caiu do nono andar de um prédio por descaso e negligência da patroa de sua mãe, com fortes indícios de motivação por racismo, em Recife, em 2020).

---

[30] Ava DuVernay (dir.), *A 13ª Emenda*, 2016.

SE A CIDADE FOSSE NOSSA

Não adianta a indignação simplória ou as manifestações efusivas nas redes sociais. Isso causa apenas um incômodo momentâneo. Os problemas relacionados a desigualdades com os quais lidamos atualmente foram construídos no decorrer da história. A dicotomia social – na qual a sociedade está silenciosa, mas visivelmente dividida em opressores x oprimidos – dita, principalmente, quem goza dos resultados das escolhas históricas (livres ou compulsórias).

Quando pensamos, por exemplo, nos imigrantes italianos – tão reverenciados no Brasil por que vieram para cá sob condições difíceis, fugindo da situação de opressão e de desigualdades do seu próprio país –, devemos valorizar todo o esforço e as conquistas elencadas pelos seus descendentes. Mas não podemos esquecer que, aqui, as condições de exploração foram uma realidade arrefecida pelo fator racial: esses italianos eram europeus brancos e desfrutaram de leis e benefícios do governo brasileiro para iniciarem, com um mínimo de dignidade, a reconstrução de suas vidas.

O mesmo não foi ofertado aos negros alforriados, que foram privados não só de terras para morar e trabalhar, mas, com o passar do tempo, foram também privados de liberdade pela continuidade das práticas escravocratas adaptadas. Essas questões estão devidamente registradas em fatos históricos. E situações similares de exploração e supressão das condições de subsistência também foram destinadas aos indígenas. Não por acaso, nos dias de hoje, temos conflitos fundiários vitimando quilombolas e indígenas no Norte e no Nordeste do país. E nas grandes metrópoles, como São Paulo e Rio de Janeiro, por exemplo, temos uma população em situação de rua majoritariamente negra.

DESESTABILIZANDO CONCEITOS ESTÁVEIS

Tivemos, durante a história política do país, diversas ações que visaram a equacionar nossos problemas oriundos das desigualdades sociais. Todas falharam ou são, no mínimo, inexplicavelmente ineficientes. Por quê? Porque nosso país não assimilou a função estrutural das opressões. Quando falamos em opressões de gênero, raça e classe, estamos falando que essas três funções políticas afetam a estrutura social.

Mas o que seria a estrutura social? Bem, é uma discussão extensa, que circula entre diversos pensadores importantes, como Marx, Giddens e Lévi-Strauss, por exemplo, mas que, de maneira sucinta, vamos abordar para seguir com nossa reflexão, tendo em vista que os debates seguem em alta velocidade e nem todos têm acesso ou tempo para aprofundar em conhecimentos que são fundamentais.

Abro outro parêntese aqui para a crítica sempre necessária às manifestações da colonialidade nos espaços acadêmicos, que permanecem mais preocupadas em rotular e diminuir a potência de quem não pode adentrar tais espaços do que em cumprir a tarefa científica de combater fomentadores das desigualdades, como o preconceito linguístico. É fato que intelectuais que atingem um alto patamar de erudição não merecem cair no reducionismo de certas discussões, mas pensar que nem todas as pessoas têm acesso ao conhecimento técnico, sobretudo em um país onde a educação é escamoteada de todas as formas, nos deixa a tarefa de sermos *tradutores* de palavras e conceitos, sob pena de nos tornarmos facilitadores das diversas cooptações que o sistema vigente cria e recria.

Seguindo em frente, a *estrutura social* é um dos conceitos mais importantes das ciências sociais. *Grosso modo*, a estrutura social é a maneira como uma sociedade é construída e organizada a partir de grupos compostos por pessoas de status ou posição equivalente. Essa estrutura é aferida pelas relações entre esses grupos, bem como dentro e fora deles.

Costumo usar uma analogia para entendermos mais facilmente o que significa uma estrutura social: suponhamos que a sociedade seja uma casa, um edifício qualquer em construção. Você já deve ter passado por alguma ou avistado de longe. Temos uma série de componentes que são distribuídos, formando uma interligação entre eles, uma trama, até chegar ao formato que conhecemos e podemos habitar.

Então, podemos dizer que esses componentes seriam os grupos sociais, que se interligam e estabelecem uma dinâmica para dar forma, sustentação e continuidade para essa casa ou edifício. Assim é a estrutura social e a importância dela para o entendimento das opressões, pois alguns componentes, presentes na formação dessa trama ou teia, são o racismo, o machismo e a divisão econômica de classes, ou seja, as opressões.

Então, pegando emprestado os conceitos da construção civil aplicados à arquitetura, podemos dizer que estruturas são um conjunto de elementos que, uma vez unidos e interligados entre si, dão sustentação e permitem moldar uma determinada construção (edificação, casa, moradia, edifício etc.). Se fragilizarmos essa estrutura, colocamos em xeque a configuração dessa construção.

Isso nos permite entender, de maneira intuitiva, como a nossa sociedade funciona e por que é tão importante tratar dessas questões sociais pautadas de maneira política, mas que incide diretamente em tudo que se faz no campo do so-

DESESTABILIZANDO CONCEITOS ESTÁVEIS

cial. Uma estrutura social é sempre produto de uma construção histórica.

O racismo, por exemplo, organiza a sociedade a partir do uso da diferença de fenótipos entre humanos, que é um elemento biológico, como a cor da pele. O machismo organiza a sociedade a partir da ideia de gênero, que nada mais é do que o uso das diferenças na nossa constituição física, sexual, que também é uma questão biológica.

A questão de classes organiza a sociedade a partir da diferença econômica, que obviamente não é biológica, mas estabelece status, lugar ou posição social, tendo em vista a ideia de mais-valia de acordo com os acúmulos de valor que cada um consegue obter. Mas isso também não é tão simples, pois para que essa ideia se consolidasse foi necessário um conjunto de práticas e ações repetitivas que, entre outras coisas, tinha como objetivo convencer que essa organização era justa ou, pelo menos, eficiente.

É o que algumas teóricas do feminismo negro norte-americano, como Patricia Hill Collins, vão mencionar como *tecnologias de opressão*. Ao mesmo tempo, para aqueles e aquelas que não se convenciam facilmente, diversos métodos de coerção e violência foram pensados e usados, por isso muitos teóricos, como bell hooks e Audre Lorde, por exemplo, falam em sistemas interligados de opressão e dominação.[31]

É opressor porque impede o desenvolvimento pleno e a mobilidade social de indivíduos, e é dominador porque o sistema político não convence o tempo inteiro e precisa, na

---

[31] Cf. bell hooks, *Teoria feminista*, 2019.

maioria das vezes, dispor da violência para controlar e coibir corpos dissidentes e/ou resistentes.

Os grupos sociais partilham de características e condições sociais similares, mas não podem ser igualados. Um exemplo disso é quando falamos em mulheres. Durante muito tempo, as teorias feministas nascidas no cerne dos espaços acadêmicos e, principalmente, entre as mulheres europeias, pautaram a mulher como uma categoria universal e que, portanto, vivenciavam as mesmas limitações dadas pelos sistemas de opressão e dominação. Do mesmo modo que ainda hoje se acredita que a classe social é homogênea e exclui a categoria gênero e raça na dinâmica das opressões. Mas essa ideia é perigosamente obsoleta e insustentável, além de ineficiente, pois, uma vez que se propaga, impede que possamos *atacar* uma das mais sofisticadas tecnologias do sistema de opressão e dominação: a negação da diversidade que nos constitui enquanto humanos.

Apesar de sermos todos humanos, temos nossas diferenças e elas foram convertidas, no decorrer da história, em força motriz do separatismo.

Somos iguais na condição humana, mas diversos na expressão e caracterização dessa humanidade. No tocante à questão racial, por exemplo, está consolidada no senso comum a ideia de que a negritude é composta por um bloco de pessoas exatamente iguais, com reações comportamentais e psíquicas iguais, fenótipo e constituição física iguais e até desejos e rejeições iguais. Trata-se de um erro que alimenta diversas injustiças sociais e sustenta estereótipos que matam pessoas negras diariamente. O fato é que devemos sempre considerar o alerta das teóricas do feminismo negro

DESESTABILIZANDO CONCEITOS ESTÁVEIS

norte-americano, em especial Audre Lorde, quando ela diz que "não existe hierarquia das opressões".[32]

Isso significa que as estruturas sociais não atuam isoladamente, mas em conjunto. Atreladas, formam uma dinâmica perversa e variável, que se alterna e se une em determinados momentos e são capazes de atuar em "interseccionalidade".[33] Essa dinâmica se retroalimenta e se irmana na práxis, desde a hierarquia social a serviço da exploração à sustentação de privilégios dentro da sociedade.

Cabe também abordar brevemente o que vem a ser os tais privilégios que tanto são evocados quando discutimos essas questões. Privilégios são expressamente sociais, embora traga uma situação confortável. É um privilégio social não ter que se importar com quais espaços da cidade se pode ocupar, por quais espaços da cidade se pode transitar, em quais horários se pode permanecer nas ruas etc.

É um privilégio social não ter medo de ser confundido com um criminoso ou não ter que se preocupar com a roupa que vai usar ao sair de casa. É um privilégio poder ir para o trabalho sem ter que antes passar na creche para deixar as crianças.

É um privilégio social fazer um trajeto de bicicleta, a pé ou de, no máximo, meia hora até o local de trabalho. É um privilégio social demorar esse mesmo tempo de locomoção para chegar a um belo parque ou a uma área verde e saber que seu bairro tem níveis aceitáveis de conforto ambiental.

---

[32] Audre Lorde, "There is no hierarchy of oppressions", 1983, s/p.
[33] Sobre "interseccionalidade", *ver* Kimberlé Crenshaw, *On Intersectionality*, 2015. *Ver também* Kimberlé Crenshaw, "Demarginalizing the Intersection of Race and Sex", 1989.

É um privilégio social não ter que calçar sacolas de plásticos ou ter de usar galochas para se locomover de casa até a escola ou até o ponto de ônibus em dia de chuva. É um privilégio social não ter que se deslocar quilômetros até um poço para trazer água para casa.

Esses são apenas alguns dos privilégios sociais visíveis, mas que passam despercebidos pelos que desfrutam disso desde que nasceram. Convido vocês, portanto, a dar um giro de 360° no pescoço e elencar quantos privilégios sociais básicos estão ao alcance de suas mãos.

Esses privilégios sociais básicos – e também os mais complexos – são construídos durante a história a partir das decisões políticas diversas, das omissões estratégicas e, principalmente, da negação de direitos por várias vias institucionais.

Moradia e acesso à terra: ordenadores históricos da exclusão espacial

"A questão da moradia é absolutamente central. O direito à moradia adequada já é um direito para todos, inclusive do ponto de vista do marco internacional dos direitos humanos. Direito à moradia não é ter quatro paredes e um teto em cima da cabeça. A definição de moradia é a moradia como um portal, um lugar, um território a partir do qual é possível acessar o direito à educação, o direito ao meio ambiente adequado, meios adequados para a sobrevivência e para o desenvolvimento humano.

DESESTABILIZANDO CONCEITOS ESTÁVEIS

Então, é importante entender que, para além de manter a pessoa protegida do frio, da chuva e tudo o mais que pensamos quando falamos de moradia, há elementos que levam em consideração a localização e a possibilidade de o indivíduo ter acesso aos recursos que a cidade disponibiliza, inclusive de prevenção e tratamento de saúde."

RAQUEL ROLNIK[34]

Se a moradia é uma questão central, conforme aponta, na epígrafe, a urbanista Raquel Rolnik, precisamos situá-la no escopo das opressões estruturais que caracterizam o sistema de dominação e exploração em que vivemos, como uma das práticas de segregação socioespacial ou, ainda, na perspectiva trazida por Saskia Sassen, podemos listar a moradia como instrumento de execução da expulsão social no espaço físico.

Não carecemos de muitos aprofundamentos para trilhar os caminhos propostos por Angela Davis sobre classe, raça e gênero. Se raça é a maneira que vivemos a classe e isso é comprovado pela maior quantidade de pessoas negras inseridas na categoria *baixa renda*, e gênero é a maneira como vivemos a raça, já que mulheres são as que têm menos acesso à posse da terra e, por consequência – sobretudo mulheres negras –, são as que estão em maior número no âmbito da insegurança habitacional, não faz mais sentido analisar a questão da moradia excluindo sua função pri-

---

[34] Raquel Rolnik, "Emergência habitacional, propõe Raquel Rolnik", *Outras Palavras/Ponte Jornalismo*, entrevista, 1º abr. 2020, s/p.

mordial oculta que é caracterizar a triangulação entre raça, classe e gênero.

Na introdução deste livro, conversamos um pouco sobre o caos das políticas habitacionais que leva um número expressivo de pessoas ao extremo do desamparo, vivendo em situação de rua ou sem acesso a nenhuma das escassas alternativas para ter uma moradia. O Censo da População em Situação de Rua, divulgado pela Prefeitura de São Paulo, indicava que, em 2020, 80% do contingente de pessoas que vivem em situação de rua na capital paulistana é formada por homens e, desse total, 70% são negros.[35]

Infelizmente, em toda a sociedade que foi alienada da necessidade de debater o espaço urbano e suas questões, não se discute com a devida seriedade o fato do direito à moradia digna já ter sido reconhecido e sancionado como pressuposto para a dignidade da pessoa humana,[36] desde 1948, com a Declaração Universal dos Direitos Humanos, além de ter sido adicionado e propagado pela Constituição Federal de 1988, e que isso, portanto, coloca como um dever da União, dos estados e dos municípios trabalhar corretamente para assegurar que esse direito básico se cumpra.

> Art. 6º. São direitos sociais a educação, a saúde, o trabalho, a moradia, o lazer, a segurança, a previdência social, a proteção à maternidade e à infân-

---

[35] Prefeitura de São Paulo, Secretaria Municipal de Assistência e Desenvolvimento Social, "Pesquisa censitária da população em situação de rua, caracterização socioeconômica da população em situação de rua e relatório temático de identificação das necessidades desta população na cidade de São Paulo", 2020.
[36] O pleonasmo "pessoa humana" é conceito do direito usado nos textos dessa natureza sobre o assunto. Por isso, optei por mantê-lo.

DESESTABILIZANDO CONCEITOS ESTÁVEIS

cia, a assistência aos desamparados, na forma desta Constituição.[37]

Além do direito expresso na Constituição, temos outras abordagens fundamentais, que por serem desconhecidas por muitos, alimentam a sanha punitivista que recai sobre os movimentos urbanos de luta por moradia, bem como em suas práticas para pressionar os entes públicos a cumprirem seu papel e deixarem de ser omissos diante da luta dos povos tradicionais por terras que são suas por direito.

Os artigos 182 e 183 do segundo capítulo da Constituição, que fala sobre política urbana, aborda a função social da propriedade. O acúmulo de imóveis urbanos não utilizados deve atender às necessidades urbanísticas sociais, ou seja, quem tem mais imóveis do que consegue ocupar deve dispor para atender as políticas públicas de provimento de moradias ou outras demandas sociais em prol dos que não tem nada.

> Art. 182. A política de desenvolvimento urbano, executada pelo poder público municipal, conforme diretrizes gerais fixadas em lei, tem por objetivo ordenar o pleno desenvolvimento das funções sociais da cidade e garantir o bem-estar de seus habitantes.
> § 1º – O plano diretor, aprovado pela Câmara Municipal, obrigatório para cidades com mais de vinte mil habitantes, é o instrumento básico da política de desenvolvimento e de expansão urbana.

---

[37] República Federativa do Brasil, Constituição Federal, Artigo 6º (Emenda Constitucional nº 26/2000), 1988.

SE A CIDADE FOSSE NOSSA

§ 2º – A propriedade urbana cumpre sua função social quando atende às exigências fundamentais de ordenação da cidade expressas no plano diretor.[38]

Notem que se o texto constitucional precisou dar uma
destinação ao excedente de imóveis que estão no rol de pro-
priedades de uma determinada pessoa para uso social, está
assumindo – ainda que nas entrelinhas – uma política sutil
de reparação histórica, tendo em vista que a distribuição de
terras no Brasil, tanto urbanas quanto rurais, nasceu desigual e arbitrária.

Primeiramente, é sempre bom lembrar que o Brasil não
foi *descoberto* pelos europeus, como os livros escolares nos
repetem por longos anos de formação básica. Aqui já viviam
os povos indígenas. Alguns livros até ressaltam a presença
indígena, mas não como proprietários legítimos e sim como
ocupantes, dando uma conotação ambígua à posse de terras
por parte dos aldeados. Essa foi a primeira arbitrariedade
fundiária do nosso país: a desapropriação violenta dos indígenas que aqui já estavam.

A colonização das terras do Brasil teve, então, a primeira política fundiária com o intuito de defender o espaço invadido, ou seja, os invasores elaboraram um plano para se
proteger de disputas de territórios por outros colonizadores
europeus. Assim nasceu o sistema de capitanias heredatá-
rias, que vigorou entre 1534 e 1536, organizado a partir de
doação de lotes de terras a fidalgos (da aglutinação *filho de
algo*) escolhidos pela Coroa Portuguesa.

---

[38] *Ibidem*, Artigo 182, 1988.

A ideia era que as capitanias pudessem ser passadas de pai para filho, ou seja, esse sistema foi gerado pela somatória de duas infrações: a primeira, a invasão de um território que já tinha ocupantes (e nenhum indígena foi sequer donatário, modo como eram chamados os que receberam os lotes ou capitanias); e, segundo, a invasão foi organizada para ser permanente, de acordo com a conveniência e os interesses políticos da Coroa Portuguesa.

As irregularidades fundiárias não pararam por aí. Por volta de 1536, cada uma dessas capitanias sofreu uma subdivisão, uma vez que a extensa faixa territorial tornava impossível a manutenção e a segurança da posse, deixando a terra vulnerável a outras invasões, como as dos espanhóis e, posteriormente, dos franceses. Essa subdivisão foi chamada de sesmaria (de sesmo, sexta parte ou 6,5 m²). Só quem tinha a posse das capitanias hereditárias é que podia lotear as sesmarias. E essas terras não eram concedidas aleatoriamente a qualquer pessoa, eram oferecidas a burocratas, militares, comerciantes, ou seja, pessoas que tinham alguma relevância na estrutura política da Coroa Portuguesa. A posse das sesmarias era vitalícia, desde que os posseiros estivessem produzindo e cultivando a terra. Além disso, eles também pagavam um dízimo, que, de modo geral, era 10% de tudo que era produzido e comercializado.

As leis de controle das sesmarias, obviamente, não eram cumpridas à risca pelos sesmeiros, o que fez com que esse regime fosse suspenso em 1822, quando o Brasil declarou a Independência. Porém, as sesmarias passaram a ser de propriedade legal e definitiva de quem estivesse ocupando a terra, ou seja, dos sesmeiros oficiais. Na prática, os primeiros urbanistas brasileiros foram os donatários e os sesmeiros que guiaram escravizados indígenas e negros na execução dos planos de colonização das sesmarias, formando vilas e aglomerados que se desenvolveriam no decorrer do tempo. Nesse período se deu o início da nossa cultura urbanizadora. Ali, foi plantada a semente que distinguiu posse de propriedade e que foi pautada a partir de uma distribuição desonesta e injusta de terras com consequências sentidas até os dias de hoje.

Toda vez que ouvimos alguém justificar a criminalização dos movimentos de luta por moradia como invasores de propriedade, cabe pedir a essa pessoa que explique, de maneira nítida e imparcial, o que se quer dizer com a palavra *invasão*, pois a história do Brasil começa com uma real e injusta invasão seguida por uma exclusão dos que aqui já viviam. Quando ouvimos alguém dizer que o trabalho é um meio seguro para adquirir terras, devemos perguntar que tipo de trabalho e em quanto tempo precisa ser executado para que esse direito seja garantido. É preciso ter em conta que o processo inicial de urbanização colonial se deu por meio da mão de obra indígena e negra que jamais foi compensada. Justamente o recorte populacional que segue sendo o mais prejudicado pelas consequências dessas manobras políticas nefastas, as quais culminaram em insegurança habitacional e precariedade total causada pela ausência de moradia e do acesso à propriedade, seja rural ou urbana.

E se o argumento ainda não deixar evidente que a estrutura fundiária desse país se construiu a partir de injustiças de classe, raça e gênero, alguns documentos podem ser citados, tais como os relatos do abolicionista Antônio José Gonçalves Chaves em um de seus registros importantes e pouco divulgados sobre a administração pública no Brasil.

> Em sua quarta memória, Gonçalves Chaves expôs a situação fundiária em termos vivamente negativos: a distribuição das terras a particulares tem sido totalmente errada, as terras só têm sido dadas aos colonos ricos, em porções exorbitantes. Atribuiu a essa concentração o despovoamento de extensas áreas do território, a baixa eficiência da agricultura e a presença de inúmeras famílias pobres e sem terras, não obstante a existência de grandes glebas desaproveitadas. Em sua avaliação, do regime sesmarial resultara um processo extremamente seletivo de concessão, no qual somente parasitas, sedentários e poderosos recebem graciosamente as doações que, uma vez apropriadas, alcançam cifra que nunca poderá tocar a uma família pobre e laboriosa e, quando isso vinha a ocorrer, tornava-se impagável, o que, por sua vez, ensejava longas e onerosas demandas judiciais.[39]

Em 18 de setembro de 1850, já no Segundo Reinado (1840–1889), dom Pedro 2º instituiu a Lei de Terras, que transformou, de modo irreversível, a terra em mercadoria. Com a Lei de Terras só se podia adquirir terras mediante pagamento.

A Lei de Terras e a Lei Eusébio de Queirós – que proibiu o tráfico de escravizados e também foi sancionada em 1850

---

[39] Nelson Nozoe, "Sesmarias e apossamento de terras no Brasil Colônia", 2006, p. 15.

SE A CIDADE FOSSE NOSSA

– são dois dos principais pontos que ensaiaram a consolidação do capitalismo contemporâneo pela relação senhor de engenho–escravizado. Essas mudanças são bons exemplos de como o colonialismo se transformou em colonialidade. A conversão da terra em propriedade privada definiria as bases sociais e físicas das cidades, preparando absolutamente o território para uma divisão racial do espaço urbano pós-colonial. Essa divisão seria conduzida pelo capital empresarial. Contudo, essas relações coloniais renovadas no Império ainda se deram mediante um rigor ético e moral escravista que se conservou nas elites, inclusive nas futuras elites industriais – temos, então, a gênese de uma nova fase do racismo e do poder patriarcal que viria a moldar as nossas cidades. Podemos dizer, sem receio de equívoco, que a base excludente e desigual da urbanização brasileira é a questão fundiária. Nossas opressões nasceram da disputa pela terra. Esta é a gênese da sociedade brasileira moderna.

E, não por acaso, no Norte e no Nordeste do país se dão as mais sangrentas batalhas que culminaram no etnocídio como resposta aos levantes históricos contra a dominação e a exploração. Nos dias de hoje, a repressão às lutas urbanas se caracteriza pela incitação dos meios de comunicação contra as reivindicações reais e justas das minorias que foram alijadas do direito ao território (e tudo que vêm no seu escopo como o direito à moradia e à cidade) e, nas terras tradicionais ou no meio rural, os mesmos veículos se calam diante das chacinas diárias de indígenas, quilombolas e populações ribeirinhas em geral.

É importante pensar sobre como o debate da questão urbana é escamoteado pelos veículos de comunicação brasi-

DESESTABILIZANDO CONCEITOS ESTÁVEIS

leiros. Raramente se abre espaço para essas abordagens e, quando acontece, é sempre de maneira tendenciosa ou se valendo de subterfúgios para não contribuir efetivamente com essa pauta estrutural.

Por isso, é de suma necessidade que a popularização dessas pautas se concretize. O debate sobre nossas cidades, as questões fundiárias, a divisão racial, a gentrificação do espaço urbano, a mobilidade dos transportes etc., são temas que não podem mais ser negados à população que mais precisa de decisões de impacto. A participação popular começa com a conscientização e, nesse sentido, o sistema educacional também peca pela omissão e incompletude. Entre todas as coisas que nos afirmam como cidadãos e cidadãs, está o reconhecimento das dinâmicas políticas que se definem no meio físico, no nosso território.

Não saber sobre isso é se colocar em constante perigo e com mais propensão a aderir a falácias populistas e demagogias diversas que propõem soluções as quais, na prática, não apenas são irrealizáveis como, muitas vezes, acarretam ainda mais problemas. É o caso da luta por moradia, que, no Brasil, tem sido tratada como *apenas* uma dicotomia entre densidade populacional x falta de habitação. E que tem sido (mal) resolvida com a construção de conjuntos habitacionais projetados de maneira desumana em locais que perpetuam a exclusão social dos moradores.

Não há preocupação com a inclusão de áreas marginalizadas ao tecido consolidado das cidades. Não há nem ao menos a discussão sobre como essa marginalização do local é uma ação política de antecedentes históricos, uma vez que o poder dominante urbanizou os territórios de acordo com

SE A CIDADE FOSSE NOSSA

os seus interesses, estabelecendo o que seria o centro e o que seria a periferia.

Estamos acostumados a chamar as periferias de *bordas* ou *franjas* das cidades, sem considerar que, do mesmo modo que a colonialidade pautou a divisão geográfica do mundo a partir da visão dos colonizadores, nossas cidades também foram planejadas e projetadas para as dissidências – foi essa alocação que definiu onde seria o melhor lugar e onde seria o pior lugar para se viver. O pensamento de muitos geógrafos, como o de Milton Santos, é categórico em questionar sobre como as posições geográficas podem ser manipuladas de acordo com a intenção política que se articulou no passado.[40] E, nesse caso, praticando o pensamento decolonial, torna-se oportuno questionar se em nossas cidades não há resquícios de uma base histórica que espelhou o padrão de colonialidade, estabelecendo visualmente a posição de superioridade e inferioridade no mundo.

> Reconhecendo o potencial de um mapa, podemos afirmar posições de poder, traçar certas redes globais e estabelecer relações hierárquicas entre nações e continentes. Vários artistas latino-americanos introduziram novas estratégias de mapeamento em seus trabalhos. Reavaliando os preconceitos coloniais e pós-coloniais existentes, os artistas Joaquín Torres-García (1874–1949), Alfredo Jaar (1956) e Gerardo Suter (1957) procuraram minar as visões hegemônicas subjacentes ao mapa padrão das Américas. Ava-

---

[40] Milton Santos, *Por uma outra globalização*, 2021.

liando criticamente a situação periférica da América Latina, esses artistas renegociam a paisagem colonial enfatizando a arbitrariedade de uma divisão geopolítica Norte-Sul, deliberando sobre suas implicações hierárquicas e avaliando seu impacto na formação da identidade.[41]

Para Aníbal Quijano, que se valeu de suas reflexões sobre colonialidade para entender a questão da marginalidade na urbanização da América Latina, não há como pensar na divisão dos espaços que ocupamos sem considerar as mudanças históricas. Em sua Teoria das Dependências, ele analisa como o meio urbano se formou atrelado essencialmente ao andamento histórico da sociedade. Quijano nos provoca a olharmos para o passado com atenção e percebermos o quanto nossa vida cotidiana está refletida nos sucessivos períodos de dependência que marcaram o desenvolvimento urbano. Podemos, assim, compreender como a configuração das cidades funcionam de acordo com um conceito básico da colonialidade: o antagonismo centro–periferia.[42]

Esse mesmo antagonismo sujeita uma raça (negra, indígena) ao poder dominante da outra (branca). Por isso, faz-se urgente pensar em colonialidade urbana e, principalmente, em planos urbanísticos capazes de romper com esses discursos hegemônicos. E o que esse antagonismo tem a ver com a questão da habitação? Bem, muito mais do que parece.

---

[41] Nicole De Armendi, "The map as political agent: destabilising the North-South model and redefining identity in twentieth-century Latin American art", 2009, p. 5. Tradução minha.

[42] Aníbal Quijano, *op. cit.*, 2005.

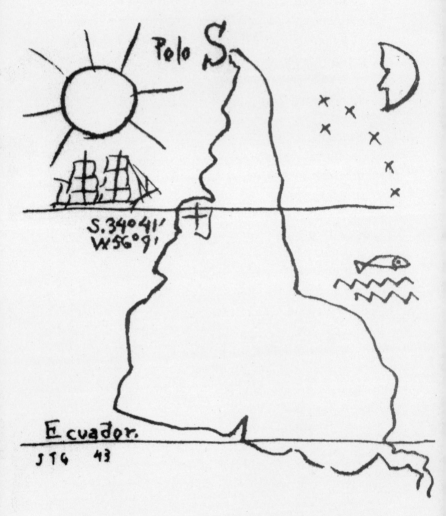

Assim como nesse mapa de Torres-García, quero provocar vocês a mudarem a percepção de como somos representados como mulheres e homens brasileiros e latino-americanos. Joaquín Torres-García, *América invertida*, 1943. Cortesia da sucessão de Joaquín Torres-García.

DESESTABILIZANDO CONCEITOS ESTÁVEIS

Tomando como base o município de São Paulo, faço o seguinte questionamento: por que não há conjuntos habitacionais em áreas autoproclamadas nobres, como a Vila Mariana ou a Vila Nova Conceição? Por que não há interesse da parte do mercado imobiliário?

Porque a habitação funciona como principal ordenador do espaço. As pessoas não têm o hábito de transitar muito além do entorno de onde mora, exceto quando se deslocam para utilizar equipamentos de lazer ou esporte, como estádios e museus, cinemas e teatros, clubes poliesportivos etc.

Nossa tendência é circular nas proximidades de nossa casa e bairros vizinhos. Essa é uma das questões. Ao confinar os indesejáveis (ou o outro grupo social construído pela colonialidade) em espaços longe das áreas onde se pretende manter a *visualidade branca*, se exercita a afirmação das hierarquias espaciais. Ou seja, nos centros urbanos, onde é inevitável o encontro de entes sociais distantes das hierarquias, não se pode construir habitação social.

Boas ideias não correspondem aos fatos: como boas práticas podem perpetuar o que pretendem combater

Um exemplo contundente de como devemos pensar em políticas urbanas que coloquem, sem medo, as opressões estruturais como ponto de partida para a resolução das desigualdades que todos queremos erradicar é o Estatuto da Cidade, que regulamentou os artigos 182 e 183 da Constituição e estabeleceu diretrizes gerais para a política urbana no país.[43] Foi um marco importante que abriu precedentes para que tivéssemos, pela primeira vez, um caminho sólido de atuação para o ordenamento urbano.

O Estatuto da Cidade, que completou vinte anos em 2021, trouxe muitos caminhos para estruturar a função social da propriedade estabelecida pela Constituição, como o Plano Diretor, a Outorga Onerosa, a Regularização Fundiária, entre outros instrumentos. Mas, talvez, um dos mais importantes instrumentos legislativos, capaz de equacionar as desigualdades no âmbito da política habitacional e tornar nosso espaço urbano melhor para todo mundo, foram as Zonas Especiais de Interesse Social (Zeis).

As Zeis se caracterizam como um importante instrumento da política urbana, fundiária e habitacional, incluído no Estatuto da Cidade como instituto jurídico e político assim resumido:

> Considera-se Zeis a parcela de área urbana instituída pelo plano diretor ou definida por outra lei municipal, destinada preponderantemente à população de baixa renda e sujeita a regras específicas de parcelamento, uso e ocupação do solo.[44]

Nesse cenário, as Zeis foram uma vitória importante dos movimentos sociais de luta por moradia e reforma urbana que vinham pleiteando instrumentos para avançar. A legisla-

---

[43] República Federativa do Brasil, Presidência da República, Lei nº 10.257, 10 jul. 2001.
[44] República Federativa do Brasil, Presidência da República, Lei nº 13.465, Artigo 18, 11 jul. 2017.

DESESTABILIZANDO CONCEITOS ESTÁVEIS

ção prevê, entre outras iniciativas, o aproveitamento de áreas abandonadas para construção de moradias ou equipamentos urbanos para a população de baixa renda, como escolas ou hospitais, recuperação de áreas degradadas, regularização fundiária, permanência de famílias pobres em locais dotados de infraestrutura adequada etc.

Mas se a pauta foi amplamente discutida com a sociedade civil organizada e foi tão bem estruturada em lei, trazendo esperança de viabilizar moradias para quem mais precisa, por que vem falhando substancialmente? Porque a leitura dos nossos urbanistas tem negado o racismo como estruturador e organizador do espaço.

As Zeis, na prática, vêm perpetuando a divisão racial do espaço, uma vez que foram construídas a partir da questão de classe, deixando de lado a questão racial. Evidentemente, trouxeram avanços importantes e beneficiaram muitas famílias desde sua implementação, mas não mudaram a cara das cidades, bem como não foram capazes de romper com a lógica casa-grande–senzala. A superação dessa lógica só vai se concretizar quando não mais tivermos cidades divididas em áreas brancas e áreas negras. Não é exatamente a divisão socioeconômica que dita as regras de exclusão socioespacial, até porque as próprias periferias não são homogêneas.

Em um mesmo espaço periférico, observam-se condições socioeconômicas diversas, com famílias em melhores circunstâncias e outras em piores condições. E podemos observar, sem grande esforço, que as famílias em piores condições são negras. Ou seja, temos periferias dentro da periferia.

Aqui podemos referenciar o conceito de "subopressores" presente no clássico de Paulo Freire, *Pedagogia do oprimido*,

SE A CIDADE FOSSE NOSSA

e adaptá-lo à leitura do espaço urbano, estabelecendo uma condição de *suboprimidos* para algumas situações específicas, mas não incomuns: dentro dos grupos oprimidos, observamos sujeitos que saem da configuração social de opressão e ascendem socialmente, mas não deixam de experimentar a opressão em algum nível.[45] Quero dizer que esses indivíduos saem da condição clássica de oprimidos, mas não deixam totalmente esse status social, podendo assim ser lidos como uma subcategoria na vivência da opressão.

Nas periferias e nas áreas favelizadas, temos condições assimétricas que não tiram famílias do bojo dos problemas inerentes ao território, mas oferecem algum alívio ou alguma segurança, uma vez que não estão no extremo da condição de favelizado ou periférico.

Mesmo dentro dessa dinâmica, a negritude e os indígenas não aldeados (indígenas que vivem no espaço urbano) estão nas piores condições. Não podemos cair no erro de pensar que somente a intervenção urbanística ou a elaboração de políticas públicas adequadas podem solucionar um problema que é estrutural. No entanto, ações nesse sentido podem contribuir significativamente para a superação de injustiças históricas, por exemplo, informar local de residência é sempre um requisito quando pessoas negras estão procurando um emprego.

Há uma quantidade assustadora de relatos que indicam que, além do estigma racial, o local de moradia influencia a recusa do mercado de trabalho em absorver profissionais periféricos e favelizados. E essas dinâmicas são imperceptíveis

---

[45] Cf. Paulo Freire, *Pedagogia do oprimido*, 1987.

aos olhos de quem não experiencia a condição de ser negro ou negra em um país de estrutura social racista tão concreta quanto é o Brasil.

Por isso, sou uma defensora convicta da importância do protagonismo dos grupos diretamente afetados pelas questões urbanas nos estudos e relatos sobre sua realidade – individual e coletiva – como instrumento de equacionamento das desigualdades. Qual arquiteto urbanista teria condições de lutar por uma guinada no planejamento urbano, migrando da atenção exclusiva sobre a classe social para, em troca, propor um planejamento urbano antirracista? Qual arquiteta urbanista conseguiria se dedicar a políticas públicas mais completas e capazes de abranger essas nuances que alteram substancialmente a vida de quem mora na periferia? Quem seria melhor senão aqueles que já nasceram e cresceram envolvidos com esses problemas, ou seja, negros e negras ou não brancos conscientes desse desafio?

Em 2018, tive a oportunidade de participar do Brazil Forum, na Inglaterra, que naquele ano trazia como tema os 130 anos da Abolição da Escravatura e os 30 anos da Constituição brasileira. Tive a oportunidade de dividir mesa com uma grande referência para mim em política urbana e direito urbanístico, o professor da London School of Economics, Edésio Fernandes.

Na ocasião, falei sobre a necessidade de centralizar os debates urbanos em torno da questão racial e sobre o desenvolvimento de medidas de reparação, como as cotas raciais, também na área da habitação – propostas que não foram bem-aceitas e, até, tratadas com certo deboche pelos presentes. Maioria branca, evidentemente.

No Brazil Forum UK, Joice Berth e Edésio Fernandes mediados por Nathalie Badaoui participaram do painel "Reflections on urban development: the right to the city" [Reflexões sobre desenvolvimento urbano: o direito à cidade]. London School of Economics, Londres, Inglaterra, 2018.
Foto © Acervo pessoal de Joice Berth.

DESESTABILIZANDO CONCEITOS ESTÁVEIS

As cotas raciais para ingresso no ensino superior, até hoje, sofrem com a desconfiança pública que insiste em não entender que se tratam de medidas de reparação. Não se reconhece que, historicamente, a negritude foi lesada e impedida de estudar, inclusive por instrumentos legislativos, conforme afirma o doutor Nizan Pereira Almeida, que realizou um estudo fundamental sobre a exclusão da negritude dos espaços educacionais.[46]

Antes de Pedro 2º, não havia preocupação com o ensino escolar no Brasil. A Constituição de 1824, promulgada no Primeiro Reinado (1822–1831) por Pedro 1º, falava do direito à educação, mas não houve organização nenhuma para que fosse um direito universal. Enquanto isso, na Europa Ocidental, com exceção de Portugal e Espanha, já estava fortalecida a ideia de alfabetização para todos. Aqui não dava para fazer isso: constitucionalmente, mulheres, negros, indígenas, pobres e libertos não eram cidadãos plenos.[47]

Em sua pesquisa, Nizan Pereira Almeida apresenta as leis coloniais que trataram de garantir que a negritude não ocupasse os bancos das escolas e fosse, durante muito tempo, privada da educação básica – esse apartamento gerou um déficit para toda a população negra. Isso justifica, por si só, a necessidade de reparação desse erro histórico.

---

[46] Nizan Pereira Almeida, "A construção da invisibilidade e da exclusão da população negra nas práticas e políticas educacionais no Brasil", 2014.

[47] José Carlos Fernandes, "Por que negros foram excluídos do ensino nos períodos imperial e republicano?", *Gazeta do Povo*, 12 maio 2014.

Capítulo I

Das Escolas de Instrução Primária

[...]

Artigo 3º

São proibidos de frequentar as Escolas Públicas:

1º Todas as pessoas que padecem de moléstia contagiosa.

2º Os escravos e os pretos africanos, ainda que sejam livres ou libertos.[48]

Ocorre que nas outras questões que estruturam a vida de cidadãos e cidadãs, a história também causou danos que alteraram toda a vivência de pessoas negras e que perduram até hoje. Como na questão fundiária e habitacional, por exemplo. O pós-abolição não deixou nenhuma alternativa para a negritude reconstruir a vida. Fosse apenas isso, poderíamos usar o exemplo de imigrantes europeus que sobreviveram e construíram suas vidas aqui, como a branquitude negacionista gosta de salientar.

Em uma das cenas da novela *Vale tudo*, exibida pela TV Globo, em 1988, ano da promulgação da Constituição, a personagem Odete Roitman (Beatriz Segall) – que representou brilhantemente a classe rica deste país –, fala sobre a grandiosidade dos descendentes de italianos, alemães e outros europeus que vieram para o Brasil e construíram um legado que se perpetuou no decorrer do tempo. Essa é a mentalidade da classe dominante brasileira, predominantemente branca, que exclui o fato de que esses mesmos imigrantes

---

[48] Província do Rio de Janeiro, Assembleia Legislativa Provincial, Lei nº 1, 1837.

DESESTABILIZANDO CONCEITOS ESTÁVEIS

tiveram amparo do governo para iniciarem aqui o projeto de embranquecimento da população. O objetivo era eliminar o passado que a branquitude não queria lidar.

Por isso, temos que pensar de maneira abrangente sobre a exclusão social da negritude se quisermos entender como a questão da moradia se insere nesse processo. Houve, entre o fim da era escravista e meados do século 20, uma triangulação para impedir a inserção da negritude na sociedade brasileira e consolidar o padrão de marginalização que perdura até os dias de hoje: a exclusão de pessoas negras dos meios educacionais; o Código de Posturas de 1886, que impedia pessoas negras de exercerem a maioria das atividades que exigia qualificação intelectual ou educacional; e a substituição da pessoa negra pela pessoa branca europeia nos demais postos de trabalho.

Isso significou que pessoas negras não poderiam ter qualquer possibilidade de acesso à moradia ou à terra urbanizada pelos meios que a branquitude europeia estava conseguindo. Para a branquitude europeia, foram reservados benefícios ou cotas a fim de que a permanência e a estruturação de suas vidas no território brasileiro estivessem garantidas. Portanto, não é motivo de desdém ou deboche pensar em iniciativas e projetos habitacionais voltados exclusivamente para a população negra, pois, além de ser medida reparatória, seria também uma oportunidade de equacionar a triangulação de fatores que culminaram no alijamento da negritude do acesso à terra e à moradia.

Qualquer plano habitacional não pode apenas ser pensado tendo em vista o acesso. É preciso pensar se a negritude terá condições socioeconômicas de arcar com financiamen-

SE A CIDADE FOSSE NOSSA

tos e afins, da assinatura do acordo à posse definitiva. Para chegar lá, o Brasil precisa de medidas reparatórias em todas as frentes: educação, trabalho e, claro, habitação. Contudo, ainda estamos longe de levar esse debate com a seriedade que merece e, infelizmente, a falta de uma consciência racial amadurecida da população negra aprofunda essa lacuna, uma vez que as iniciativas que se constroem nesse âmbito não possuem apoio expressivo dessa população que é a maior, senão a única, interessada.

Como é o caso, por exemplo, de um Projeto de Lei (PL 6.865, de 2006), apresentado pelo então deputado Vicentinho (PT–SP), que tentou instituir o Sistema Nacional de Habitação de Interesse Social para a População Negra, com o objetivo de oferecer moradias aos afrodescendentes de baixa renda. A proposta previa também a criação de um fundo para financiar os projetos de construção da casa própria, entre outras medidas importantes para ao menos iniciarmos esse debate. O texto propunha que a verba do fundo poderia ser repassada a projetos habitacionais implementados por estados e municípios. E a Caixa Econômica Federal seria a responsável pela operação do fundo. Ou seja, caberia à Caixa transferir recursos para estados e municípios, controlar a execução financeira, além de prestar contas ao Ministério das Cidades. O projeto previu, ainda, a possibilidade de criação de mecanismos de cotas para idosos, pessoas portadoras de deficiência e famílias chefiadas por mulheres que pertençam à população negra de baixa renda. Infelizmente, o projeto foi rejeitado e não conseguiu tramitar na Câmara dos Deputados. Em que pese a elaboração do projeto não ter sido, do ponto de vista

DESESTABILIZANDO CONCEITOS ESTÁVEIS

conceitual, bem estruturada, com uma argumentação sólida que ultrapassasse o senso comum e que proporcionasse um trabalho de mobilização da sociedade civil para apoiá-lo e complementá-lo, a ideia reafirmava o quanto o lócus social determina a apuração das necessidades de um grupo social. O deputado Vicentinho, como homem negro, podia até não ter pensado em detalhes na argumentação que seriam determinantes, mas, intuitivamente, com seu amplo conhecimento e atuação política, sabia que, apesar das cotas raciais para educação, não chegamos sequer na metade do caminho da construção de políticas raciais de reparação e, menos ainda, no entendimento massivo da população em geral sobre a necessidade de pensar por esse caminho como o único e mais eficiente na erradicação de grande parte das desigualdades que temos na sociedade.

"Se a arquitetura e o urbanismo são discursivos e apresentam um histórico de formação muito comprometido com a violência que a gente observa no nível social, então também temos que dizer que a arquitetura e o urbanismo estão sendo violentos, e não apenas hostis. A arquitetura, que é responsável pelos projetos de edificações, prédios, casas, escolas, hospitais, e o urbanismo, que engloba o planejamento urbano, as políticas urbanas, a distribuição dos mobiliários e dos espaços que a gente frequenta nas cidades, precisam ter um olhar mais criterioso na sua participação para o quadro de violência que a gente quer combater no nível social."
TEDxBlumenau, Blumenau/SC, 2021. Foto © Cedrik Buerger Neumann.

2.

E SE A CIDADE FOSSE NEGRA?

"Sou apenas pessimista quanto [...] à arquitetura em geral e [ao] urbanismo. Toda arquitetura é uma questão de raça, enquanto nosso povo for essa coisa exótica que vemos pelas ruas, a nossa arquitetura será forçosamente uma coisa exótica. Não se trata da meia dúzia que viaja e se veste na rue de la Paix, mas da multidão anônima que toma trens da Central e Leopoldina, gente de caras lívidas, que nos envergonha por toda a parte. O que podemos esperar em arquitetura de um povo assim? Tudo é função da raça. A raça sendo boa, o governo é bom, será boa a arquitetura. Falem, discutam, gesticulem, o nosso problema básico é a imigração selecionada, o resto é secundário, virá por si."

LÚCIO COSTA[1]

[1] Lúcio Costa, "O arranha-céu e o Rio de Janeiro", *O Paiz*, 1º jul. 1928.

De acordo com as narrativas brancas que organizam as políticas urbanas, as cidades, assim como não tem gênero, também não têm cor. Essa é mais uma das facetas do negacionismo que se tornou recorrente sobre a questão racial e de gênero no Brasil. Como pode uma nação que foi construída sob as bases do racismo como sistema de sustentação colonial, com amplo arcabouço empírico e científico de discriminação racial, não ter impresso em seu território as marcas dessa construção histórica?

Não é um acinte colocar em primeiro plano a perspectiva racial que foi varrida para debaixo do tapete da história. A prática do apagamento é um dos elementos da morte simbólica da população negra. Ao ocultar que o espaço físico que dividimos está "exalando" as consequências dos processos históricos que culminaram com uma divisão racial do território, oculta-se também parte fundamental da história da população negra e indígena na construção da nação brasileira.

A arquitetura e o urbanismo são facetas importantes do debate político de um país, pois esses dois fazeres profissionais, que andam de mãos dadas e possuem uma relação de interdependência contínua, são elementos que tornam visível e palpável a estrutura social tal qual ela é. Não existe arquitetura e urbanismo neutros. Pelo contrário, são áreas impregnadas de simbolismos que se traduzem na estética do espaço, seja das elites históricas ou seja da população de baixa renda.

Por isso, ofereço dois tópicos que são úteis para aprofundarmos o debate sobre cidade e raça: o *urbanismo eugênico*, que dividiu racialmente as cidades, e o *urbanismo daltônico*, que é uma das consequências dessa divisão.

Apesar de o eugenismo ter vigorado oficialmente na sociedade brasileira por menos de um século, os estragos advindos das ideias eugênicas são permanentes. Assim acontece mesmo depois de o eugenismo perder força e de ter sido praticamente abandonado. Quando nos debruçamos sobre o assunto, percebemos que abandonar uma ideia não significa necessariamente que houve uma compreensão do quão destrutiva essa poderia ser. O eugenismo surge em um contexto crucial para a consolidação do racismo no Brasil e se estabelece como instrumento de consolidação na crença de que a negritude era uma raça inferior.

Podemos afirmar, com convicção, que o eugenismo foi o portal por onde a colonialidade se firmou definitivamente em nossos meios, já que, após o fim do Império (1822–1889), a maior preocupação da branquitude brasileira e portuguesa era varrer para debaixo do tapete da história os crimes de racismo que foram largamente praticados. Infelizmente, isso só poderia ser feito pelo apagamento da prova viva dos malefícios que a escravização causou ao povo negro e africano. Por isso, tenho defendido que a questão racial no Brasil está além da sociopolítica – também é uma questão moral e psíquica, uma vez que é possível observar a presença do racismo na formação subjetiva da sociedade branca brasileira.

Atualmente, para boa parcela da população branca, demonstrar explicitamente ódio à negritude é inaceitável. Já continuar a dinâmica racial de exclusão nas mais variadas frentes de atuação sociopolítica, não. A essa parcela, não comove o genocídio da população negra, nem quando o assunto ganha repercussão midiática. Isso porque nossa sociedade sofreu um processo de *colonialidade do comportamento*, uma formação da personalidade nacional pautada pela absoluta falta de empatia. É por isso que a sociabilidade brasileira não se concretiza em sua totalidade, pois as relações de afeto interpessoais não partem de uma humanidade restituída ou em vias de se restituir. Nesse sentido, sofremos forte influência da mentalidade capitalista excludente que está impregnada nos nossos hábitos e na maneira com que nos relacionamos. O *ter* é mais importante do que o *ser*, logo, exibir o distintivo antirracista tem sido mais importante do que ser antirracista.

Não por acaso, a gestão contestada de 2019–2022 da Fundação Palmares tentou criar uma honraria que era um tipo de selo antirracista. A comenda seria destinada a pessoa que, segundo interpretação deturpada daquela gestão da Palmares, fosse acusada de racista.[2] Embora a atitude tenha

---

[2] "Fundação Palmares lança selo para quem for 'injustamente' acusado de racismo; entidades reagem", *Jornal Nacional*, 29 maio 2020.

E SE A CIDADE FOSSE NEGRA?

causado indignação em setores de esquerda, não deveria. Chamo atenção para o fato de que violências raciais também são praticadas por pessoas desse espectro político, sobretudo as violências das quais nem o próprio povo negro entende como violência. Por exemplo: é uma violência termos, em um país de perpetuação eugênica gritante, disputas presidenciais que não contemplem a eleição de pessoas negras. A branquitude se mostra essencialmente centralizadora, principalmente no campo político que fala em representatividade, mas não consegue romper o poder branco, masculino e elitizado.

Há resquícios da mentalidade e do comportamento eugenistas cotidianamente no Brasil. Principalmente nos espaços institucionais, quando temos a naturalização da brancura como modelo único de representação, enquanto que, nos presídios, a característica do encarceramento em massa é predominantemente negra. Se é nos espaços institucionais que essa mentalidade atua livremente e se perpetua abertamente, não há dúvidas de que nos espaços das cidades produzidos por pessoas brancas totalmente inseridas nessa forma de ser e de pensar, o eugenismo será definidor.

É imperativo entender que o eugenismo foi muito mais do que uma prática científica, foi o encontro do respaldo técnico com um estilo de vida que já vinha se consolidando antes do século 19. E que jamais fora questionado a fundo. Fala-se com repúdio sobre esse período, mas não há organização para identificar as posições racistas que fundam a mentalidade social brasileira.

Tomando emprestado o pensamento psicanalítico, podemos questionar se o eugenismo não foi recalcado da psique

113

coletiva em vez de ser desviado para alguma função edifican-te para toda a sociedade. Uma vez recalcado, esse conteúdo está sempre em busca de brechas e fissuras por onde possa se manifestar. Na sociedade, o eugenismo se manifesta pelo gozo visível que a branquitude inconscientemente manifesta revisitando as mazelas sofridas pela negritude. Uma pessoa negra em um momento feliz ou de glória não produz comoção, salvo exceções em que negros e negras mimetizam a brancura e possibilitam que o sujeito branco identifique sua persona na figura deles e delas.

Mas a comoção de duração curta com mortes violentas como a de George Floyd confirma esse recalcamento do eugenismo que permeia os espaços públicos e midiáticos – principalmente, no momento pós-comoção, que não gera qualquer atitude mais contundente. O eugenismo é a maneira pela qual se estruturou o ódio racial atuante no Brasil. E essa *arapuca* racista impede que urbanistas e outros profissionais tomem as rédeas da atuação e do debate, centralizando as questões urbanas em torno de uma solução que repare as proporções que ele tomou durante décadas.

O urbanismo daltônico: quem vê território não vê raça?

"A ameaça de apagamento assume várias formas. Além dos dispositivos familiares de gentrificação e renovação urbana, o apagamento se dá, em parte, por uma visão cada vez mais difundida e institucionalizada da cidade como um anacronismo, mas, ao mesmo tempo, o 'lugar próprio' para o mora-

E SE A CIDADE FOSSE NEGRA?

dor negro. Assim, o morador negro ou o bairro negro existe como corpo residual; um corpo como anacronismo em processos 'reais' de urbanização onde 'usuários' urbanos não são entidades coerentes, mas campos mutantes de ações prováveis, conjuntos de dados, cálculos de risco, classificações de crédito, perfis genéticos e estilos de vida mutantes. Agora, as populações são menos definidas por atributos estáveis e diferenciados por meio dos quais as desigualdades relativas podem ser medidas do que pela natureza de sua conversibilidade e interoperabilidade."

ABDOUMALIQ SIMONE[3]

A cidade tem cor. Ou melhor, cores. Uma vez que a colonialidade se estabeleceu e categorizou pessoas, formando identidades e usando nossas diferenças biológicas, sexuais, fenotípicas etc. para fins de organização social hierárquica, o território se apresenta como cenário fiel dessas representações. Afinal, as construções elencadas pela modernidade tinham (e ainda têm) um propósito: preparar uma sociedade onde se possa organizar as diferenças naturais entre seres humanos para a fundação de uma cadeia de privilégios sociais.

É imperativo que as pessoas se conscientizem cada vez mais de que é no território que todas as ações sociais são palpáveis. É o território que, reflexo da condição material de uma sociedade, pode consubstanciar toda e qualquer decisão sobre o espaço. Imaginem vocês viver em uma cidade

---

[3] AbdouMaliq Simone, "The Black City?", 2017, s/p. Tradução minha.

que, apesar do racismo, há heterogeneidade de representações sociais nos espaços físicos, onde ricos e pobres vivem e compartilham experiências sem o peso dos preconceitos e das discriminações econômicas que os distanciam.

Vocês acham que as ideias de hierarquia social sobreviveriam? Acho que sim, mas não com tamanha contundência, como observamos durante a consolidação da urbanização que criou lugar de preto e lugar de branco.

O padrão de marginalização cunhado a partir da cor da pele seria efetivo e convincente sem o respaldo dos territórios favelizados e periféricos nos *dizendo* que ali é o lugar do negro? Suponho que não. Toda narrativa precisa de uma verossimilhança imagética para treinar nosso olhar. Não por acaso as imagens de controle abordadas por Patrícia Hill Collins e Winnie Bueno são tão eficientes e aplicadas continuamente.[4]

As cidades, portanto, são um dispositivo imagético de controle de corpos que criou um *lugar* para os indesejados da sociedade.

Há também um significado latente nas relações interpessoais, como vimos anteriormente, que dá sustentação à ideia de superioridade branca e que é pautado pelo território. Portanto, não faz o menor sentido falar em desigualdade territorial e social sem explicitar o sistema venoso que a alimenta, assim como não faz sentido falar no racismo e no machismo sem se dar conta de como operam na equação da pobreza, formando a triangulação que valida as desigualdades.

---

[4] Patricia Hill Collins, *Pensamento feminista negro*, 2019. *Ver também* Winnie Bueno, *Imagens de controle*, 2020.

E SE A CIDADE FOSSE NEGRA?

Se nos marcadores e nas estatísticas apuradas são a negritude, os indígenas e as mulheres que aparecem na condição de maior precariedade, isso de alguma forma tem chão, isso está territorializado. Não enxergar que a divisão do espaço é primordialmente racial é atuar dentro de uma lógica que fortalece a discriminação, pois, se algo não é nomeado, não existe – sobretudo em uma sociedade falogocêntrica, onde a palavra (principalmente escrita) materializa a existência das coisas. A prática de não documentar determinados problemas sociais é um dos mecanismos de negação que visa a manter às margens aquilo que não se quer tratar, lidar e resolver.

Se há uma divisão racial do espaço físico, é necessária uma abordagem racializada nas políticas públicas e nas reflexões sobre as cidades e os territórios em geral. Do contrário, continuaremos com a experiência ineficiente do *urbanismo daltônico* – termo cunhado por Melissa M. Valle ao perceber que arquitetos e urbanistas centravam suas análises sobre desigualdades urbanas apenas considerando o aspecto socioeconômico da questão.

> Os urbanistas em muitas partes do mundo enquadram as desigualdades raciais como meros sintomas de desigualdade econômica, se é que mencionam a raça. Os discursos e práticas de uma coleção de acadêmicos, funcionários do governo, planejadores urbanos e incorporadores privados reforçam a noção de urbanismo "daltônico" ou "neutro quanto à raça", que falha em abordar a raça e o racismo como características intrínsecas do desenvolvimento urbano.[5]

---

[5] Melissa M. Valle, "Revealing the Ruse", 2017, s/p. Tradução minha.

É exatamente este o contexto brasileiro, uma vez que as mais significativas e usuais referências acadêmicas sobre as questões urbanas, especialmente sobre a formação das cidades brasileiras, desconsideram a questão essencial da raça para entendermos o que se esconde nas entrelinhas do discurso inaudível e das intenções do espaço urbano. De modo geral, nos estudos do urbanismo brasileiro, a questão racial está invisível em críticas assertivas e importantes acerca das desigualdades como condicionantes da divisão do espaço urbano. Para que a raça se torne evidente e indissociável da crítica, é preciso destacar essa invisibilidade como sintoma do negacionismo histórico, que atualmente tem sido notado e discutido por setores que defendem uma visão de mundo progressista. É essa linha de raciocínio que baliza este livro.

Tenho defendido que os sistemas de opressões são as raízes primordiais das desigualdades. Ou seja, as desigualdades sociais são consequências dos nossos processos históricos que tiveram – na escravização de africanos, na hierarquia das funções de homens e mulheres e, também, na exploração de trabalhadores – a assimetria de condições e a formação da sociedade em pirâmide, onde, no topo, há uma minoria que mantém privilégios sociais e, abaixo, a maioria composta pelas identidades forjadas sociais pela colonialidade do poder.

As desigualdades indicam a dinâmica das relações sociais expressas pelas condições diversas de precariedades x privilégios. Se tivermos coragem para bancar uma ousadia intelectual, podemos refletir sobre como as desigualdades sociais foram planejadas e articuladas com certo esmero, talvez intuitivo, para delinear a sociedade exatamente como a conhecemos hoje.

E SE A CIDADE FOSSE NEGRA?

Partindo da análise dos encaminhamentos históricos do pós-abolição, nos desviamos de hipóteses e chegamos a certezas, tendo em vista que muito do que aconteceu no nosso passado não tão distante está registrado de alguma forma, ainda que com falhas documentais que exigem um esforço hercúleo para remontar o passado de maneira mais próxima da realidade que foi vivida.

Gastamos muita energia na discussão sobre a legitimidade das políticas afirmativas nos últimos tempos, mas quantas vezes ouvimos sobre o que houve com os alforriados ou recém-libertos quando os horrores da escravização foram institucionalmente impedidos de prosseguir?

E mais, pouco falamos sobre como a abolição se deu por um apelo por mudanças que pudessem manter a situação confortável da classe dominante, já que a industrialização começava a romper o ovo que foi muito bem chocado nas últimas décadas do período escravocrata. Na visão de Gilberto Maringoni,

> A campanha abolicionista, em fins do século 19, mobilizou vastos setores da sociedade brasileira. No entanto, passado o 13 de maio de 1888, os negros foram abandonados à própria sorte, sem a realização de reformas que os integrassem socialmente. Por trás disso, havia um projeto de modernização conservadora que não tocou no regime do latifúndio e exacerbou o racismo como forma de discriminação.
>
> A campanha que culminou com a abolição da escravidão, em 13 de maio de 1888, foi a primeira manifestação coletiva a mobilizar pessoas e a encontrar

119

adeptos em todas as camadas sociais brasileiras. No entanto, após a assinatura da Lei Áurea, não houve uma orientação destinada a integrar os negros às novas regras de uma sociedade baseada no trabalho assalariado. Esta é uma história de tragédias, descaso, preconceitos, injustiças e dor. Uma chaga que o Brasil carrega até os dias de hoje.[6]

Vemos aqui um dos grandes entraves na luta pela erradicação do racismo no Brasil: entendemos pouco ou nada sobre estruturas sociais e tomamos o racismo como uma questão estritamente moral. Tenhamos em vista que Gilberto Maringoni, como destaquei na citação, classifica a campanha pela abolição com a primeira manifestação coletiva que teve sucesso na mobilização de todas as camadas sociais. Mesmo que uma das razões para tal envolvimento tenha sido o desejo pela industrialização como sinal dos novos tempos, suponho que certo incômodo cristão já tomava conta da elite em transição da postura colonial para a industrializada.

Pois bem, antes mesmo da abolição ser oficializada, uma movimentação política se deu com a intenção de limitar ou eliminar as chances de sobrevivência, permanência e desenvolvimento da negritude escravizada. É justamente esse entendimento do racismo como uma chaga moral que impedia o bom-mocismo cristão de se consolidar que inviabiliza até hoje as discussões efetivas sobre a questão racial, uma vez que a moral cristã, muitas vezes, se revela no negacionismo

---

[6] Gilberto Maringoni, "História: o destino dos negros após a abolição", 2011, s/p.

do racismo e no acobertamento do racista como produto ativo e atuante na estrutura dessa linhagem de opressão.

Poderíamos dizer que houve uma sequência de equívocos casuais? Poderíamos, se, e apenas, não tivéssemos registros históricos das medidas institucionais que se articularam quando o governo imperial já havia entendido que a abolição era inevitável. Não podemos esquecer que o Brasil foi um dos últimos países a abolir a escravização. Para Gilberto Maringoni,

> várias causas podem ser arroladas como decisivas para a abolição, algumas episódicas e outras definidoras. É possível concentrar todas numa ideia-mestra: o que inviabilizou o escravismo brasileiro foi o avanço do capitalismo no país. Longe de ser um simplismo mecânico, a frase expressa uma série de contradições que tornaram o trabalho servil não apenas anacrônico e antieconômico, mas sobretudo ineficiente para o desenvolvimento do país. Com isso, sua legitimidade passou a ser paulatinamente questionada.[7]

O fato de que a abolição não se deu por um entendimento de que pessoas não podem ser escravizadas, mas sim por interesses econômicos escusos, é decisivo para entendermos o porquê de a Lei Áurea ter sido promulgada à revelia, sem o menor cuidado com a mínima restituição da força de trabalho do negro liberto para (re)começar sua vida na nova ordem social que se vislumbrava.

---

[7] *Ibidem.*

No período pós-Lei Áurea, a população negra entrou na sociedade do trabalho livre de mãos vazias, tendo que competir com imigrantes europeus que foram trazidos para cá, não apenas para suprir a mão de obra escravista mediante remuneração, mas para atender o desejo higienista e eugenista de *limpar* a negritude de todo e qualquer espaço. A população branca europeia foi usada como vassoura em uma tentativa de varrer a negritude e todo horror da escravização que já se chocava com os ideais de moralidade/modernidade que aguçavam o sentimento de culpa na branquitude. Mas como a culpa não mobiliza mudanças tal qual acontece com a responsabilização, a política de branqueamento entrou como paliativo.

Ainda assim, a negritude recém-libertada permaneceu sem nenhuma garantia socioeconômica que possibilitasse seu desenvolvimento, e os tais Códigos de Posturas, leis ordenadoras do território urbano, agravariam mais ainda a situação, como já foi abordado na introdução. Ou seja, no meio rural em esvaziamento lento e gradativo, alguns libertos permaneceram nas fazendas escravistas (seus antigos locais de moradia), trabalhando em troca de abrigo e de escassos recursos para prover a alimentação.

Já nas cidades, a população que resolveu tentar um lugar ao sol no novo modelo urbano que começava a se formar em Salvador, Recife, Rio de Janeiro, São Paulo e Belo Horizonte, por exemplo, deram origem às primeiras áreas periféricas, se valendo de habitações coletivas, como os cortiços, porões e, posteriormente, as favelas para prover algum abrigo ou moradia.

Percebam que as origens da população em situação de rua reside nessa trajetória que se inicia no pós-abolição, com

a formação de um subproletariado negro – antes escravizado –, tangenciando a formação das principais cidades que
se moldavam para a estrutura industrial. Tanto no passado
como nos dias de hoje, a ausência de um projeto de vida
profissional que estruture economicamente essas pessoas
é determinante, e a única posse ou bem para a troca é a
própria força de trabalho. Contudo, não temos somente o
percurso da negritude no pós-abolição como componente
constitutivo da urbanização brasileira em formação. Somado a isso, dando contornos ainda mais trágicos e definitivos
para a divisão racial do espaço, está o pensamento eugenista,
que deve ser encarado como um dos elementos mais cruéis
da colonialidade e que, obviamente, também serviria aos in-
tentos da sociedade branca brasileira que precisava de um
argumento que arrefecesse a culpa cristã pela escravização.

E esse argumento seria a supressão da humanidade de pessoas negras por meio da afirmação pseudocientífica de que,
biologicamente falando, a negritude era inferior e, portanto,
era naturalmente apta a ser explorada.

Eugenismo e higienismo: a construção do outro urbano

O espaço, uno e múltiplo – em suas diversas parcelas e por
meio do seu uso –, é um conjunto de mercadorias, cujo valor
individual é função do valor que a sociedade, em um dado
momento, atribui a cada pedaço de matéria, isto é, a cada
fração da paisagem.

O espaço é sociedade e, portanto, a paisagem também é
sociedade. No pensamento do grande geógrafo baiano Mil-

SE A CIDADE FOSSE NOSSA

ton Santos – homem negro de notoriedade e reconhecimento internacional, com frequência negligenciado nos estudos urbanos do seu próprio país –, podemos apurar que o espaço é a síntese material do próprio tempo e a definição física da paisagem social. Costumo dizer que há um fenômeno de espelhamento das questões sociais nos espaços físicos das cidades, na divisão territorial e na paisagem que nos cerca.

A paisagem existe por meio de suas formas, criadas em momentos históricos diferentes, porém, coexistindo no momento atual. No espaço, as formas de que se compõem a paisagem preenchem, no momento atual, uma função atual, como resposta às necessidades atuais da sociedade. Tais formas nasceram sob diferentes necessidades, emanaram de sociedades sucessivas, mas só as formas mais recentes correspondem a determinações da sociedade atual.[8]

Vamos, então, elaborar um pouco mais sobre como as necessidades de uma sociedade derivam das exclusões. Este é um dos argumentos principais deste livro. Como já levantei anteriormente, ouvimos, à exaustão, dos negacionistas do racismo que raça só tem uma: a raça humana. Isso é um fato. Somos todos humanos. Mas o negacionismo reside no mal--entendido de que, em algum momento da história, as coisas se alteraram e a presença de melanina na pele de alguns grupos de indivíduos foi usada como mote para a organização social executada pela colonialidade. Ou seja, raça é uma

---

[8] Milton Santos, *A natureza do espaço*, 1996, p. 103.

E SE A CIDADE FOSSE NEGRA?

construção sociopolítica que atua como organizadora de uma hierarquia e se vale da conversão das nossas diferenças biológicas e fenotípicas para justificar um lócus de inferioridade social que justifica exploração, segregação, apagamentos e violências diversas.

Se podemos afirmar que raça é uma construção social, também podemos afirmar que o racismo é o exercício contínuo de um conjunto de práticas e ações que se desenvolveram a partir de um determinado momento da história, formando um sistema sólido de dominação de corpos, estabelecendo relações de poder hierárquicas e assimétricas que justificaram violências diversas e se serviram do conceito social de raça para sustentar tudo isso dentro da sociedade.

Essas práticas e ações foram diversas e dinâmicas, se alterando conforme mudanças sociais se faziam. Podemos observar, já no período renascentista da Europa, a guinada da branquitude pela exaltação da brancura como ideal de perfeição e superioridade, status devidamente expresso por meio da arte (principalmente, da pintura) e chancelada pela parceria política com a igreja católica. Nos séculos seguintes, essa ideia de superioridade *natural* da raça branca seria cada vez mais expressiva e recorrente, posição cultural que desencadeou desdobramentos futuros complicadores da vida de todos os não brancos.

Quando o Brasil é tomado e colonizado por países europeus, especificamente Portugal e Espanha, essas ideias de superioridade branca já estão consolidadas e servem de autorização para escravização e extermínio da população indígena que aqui vivia. O mesmo acontece quando a mão de obra escrava indígena é substituída pelos africanos.

SE A CIDADE FOSSE NOSSA

Aliás, a afirmação de que houve colaboração entre europeus e africanos para viabilizar o sequestro de pessoas que seriam escravizadas merece especial atenção, uma vez que tem servido de argumento para negacionistas radicais. Ainda que algumas autoridades africanas tenham colaborado com o tráfico de pessoas, isso não serve de justificativa para eximir o continente europeu do crime. No máximo, se estabeleceu uma relação de cumplicidade. Sobretudo porque não sabemos em que condições tal parceria se deu, se por livre e espontânea vontade ou por algum nível de coerção, uma vez que a Europa já era um poder consolidado no século 15. Além disso, todos os povos tiveram em algum momento da história conflitos externos e internos, inclusive os povos que se construíram como branquitude. Portanto, temos que ter cuidado com os relatos de colaboração entre colonizadores e africanos que serviram de facilitadores para o sequestro e o tráfico de pessoas que construíram a instituição escravocrata.

Obviamente, os próprios europeus tinham entre si uma nítida segregação na hierarquia socioeconômica. Diante de um crime continuado por séculos, como foi o tráfico de pessoas da África para a América, nada pode redimir ou aliviar a responsabilidade dos envolvidos e menos ainda o ônus gerado e perpetuado no decorrer da história. Especialmente se pensarmos que a África jamais se beneficiou da escravização no mesmo nível em que a Europa no acúmulo de riquezas. Ao contrário, a África se esvaziou em poder político e social, tendo ainda hoje os traços da colonização atuantes em seu território e em seus povos. O que poderia sustentar a crença na superioridade branca, se não a desumanização e animalização da negritude e dos indígenas para criar um antagonismo essencial que poderia justificar essa crença?

126

E SE A CIDADE FOSSE NEGRA?

Percebam que essa narrativa de superioridade da branquitude europeia tinha fins sociopolíticos, mas foi incorporada ao comportamento padrão dos indivíduos e se manifesta até hoje, nos confirmando que a colonização de povos não foi apenas territorial e social, foi também psíquica e comportamental, à medida que demandava esforços para convencer a própria negritude, os indígenas e os não brancos em geral dessa assimetria *natural* nas relações, conforme aponta Santiago Castro-Gómez:

> A espoliação colonial é legitimada por um imaginário que estabelece diferenças incomensuráveis entre o colonizador e o colonizado. As noções de "raça" e de "cultura" operam aqui como um dispositivo taxonômico que gera identidades opostas. O colonizado aparece assim como o "outro da razão", o que justifica o exercício de um poder disciplinar por parte do colonizador. A maldade, a barbárie e a incontinência são marcas "identitárias" do colonizado, enquanto que a bondade, a civilização e a racionalidade são próprias do colonizador. [...] A comunicação entre elas [as identidades] não pode dar-se no âmbito da cultura – pois seus códigos são impenetráveis –, mas no âmbito da Realpolitik ditada pelo poder colonial. Uma política "justa" será aquela que, mediante a implementação de mecanismos jurídicos e disciplinares, tente civilizar o colonizado por meio de sua completa ocidentalização.[9]

---

[9] Santiago Castro-Gómez, "Ciencias sociales, violencia epistémica y el problema de la 'invención del otro'", 2000, p. 92. Tradução minha.

SE A CIDADE FOSSE NOSSA

Em diálogo com Aníbal Quijano, Nelson Maldonado-Torres desenvolveu o conceito de "colonialidade do ser" para abordar os efeitos subjetivos da colonialidade na experiência de subalternos.[10] Seguindo na mesma direção e entendendo que há um ônus psíquico no processo da colonialidade, tanto para o colonizador quanto para o colonizado, tenho chamado de *colonialidade do comportamento* toda e qualquer manifestação que é facilmente percebida como uma extensão da ideia de superioridade desenvolvida a partir da modernidade.

Um dos maiores danos – e um dos mais difíceis de lidar – tem sido a colonização psíquica daqueles que foram desumanizados durante os processos históricos e que, talvez por força da epigenética, ainda respondem inconscientemente de maneira assimétrica ao lugar de inferioridade pautado pela branquitude europeia. Sem dúvida, é um dos obstáculos mais urgentes de se vencer para uma emancipação real dos povos negros e indígenas, como também pontua Sabelo Ndlovu-Gatsheni:

> É claro que outro mundo não pode ser possível enquanto o continente e seu povo não forem totalmente descolonizados e as armadilhas do mundo neocolonizado pós-colonial não forem quebradas. Isso exigirá uma rebelião epistêmica que permita que os povos anteriormente colonizados ganhem autoconfiança, permitindo-lhes reimaginar outro mundo livre da tutela ocidental e dos ditadores africanos que desfrutam da proteção ocidental. É necessária uma nova

---

[10] Nelson Maldonado-Torres, "Sobre la colonialidad del ser", 2007.

128

E SE A CIDADE FOSSE NEGRA?

imaginação que liberte simultaneamente o colonizador e o colonizado.[11]

Pois bem, ao longo dessa movimentação histórica gradativa,
que ganhou contornos mais expressivos e específicos na consolidação da escravidão, primeiro indígena e, depois, africana,
essas ideias eram conceituais e empíricas. A partir de meados
do século 19 até meados do século 20, essas ideias ganhariam
um reforço cruel e perigoso das ciências. Surgia aí o eugenismo
e, assim, um conjunto específico de ações que inaugurariam
um novo e decisivo capítulo da trágica história da negritude,
dos não brancos em geral e também das mulheres.

Os livros de história nos apresentam o cientista inglês
Frances Galton como primo de Charles Darwin e um fasci-
nado estudioso dos assuntos relacionados à herança biológica. Para ele, se fosse possível quantificar a hereditariedade,
também seria possível produzir humanos melhores. A questão é: o que um europeu do século 19 considerava ser um
humano melhor?

Certamente alguém que tivesse características semelhan-
tes às dele. Foi Frances Galton quem cunhou o termo *eugenia*
para nomear um conceito que já vinha se desenvolvendo na
Europa. No livro *Hereditary Genius* [Inteligência hereditária],
de 1869, Galton defendeu a ideia de que as qualidades her-
dadas eram mais determinantes do que a própria educação.

Mas foi no livro *Inquiries into Human Faculty and its Development* [Questões sobre a aptidão humana e seu desenvolvi-
mento], de 1883, que essa ideia ganharia um nome, eugenia,

---

[11] Sabelo J. Ndlovu-Gatsheni, *Coloniality of Power in Postcolonial Africa*, 2013,
pp. 263-264. Tradução minha.

129

SE A CIDADE FOSSE NOSSA

que vem da palavra grega *eugenis* que significa *bem-nascido*. O que os livros de história não especificam, sobretudo quando aborda tal tema, é que essa fixação por melhoria racial a partir da intervenção pela hereditariedade é uma das expressões mais grotescas do ódio e da repulsa racial.

Dalton, pouco tempo antes de morrer, escreveria uma ficção chamada *The Eugenic College of Kantsaywhere* [O Colégio Eugênico de Kantsaywhere], em que descrevia uma cidade totalmente construída de acordo com os valores eugenistas. Esse livro não foi publicado, mas revela o conteúdo que viria a pautar o pensamento eugenista que, no Brasil, ganhou corpo e se alinha aos primórdios da organização espacial das nossas cidades.

A cidade de Kantsaywhere mantinha um centro de poder (olha aí a ideia de centralidade espacial que conhecemos tão bem), o Colégio Eugênico, uma instituição que detinha pleno controle sobre toda a população. O objetivo único da governança dessa cidade era desenvolver uma raça superior de humanos.

O Colégio Eugênico avaliava e classificava os cidadãos, buscando identificar aqueles com características ótimas, por meio de um exame médico obrigatório que expedia um certificado de aprovação para qualidades genéticas a quem se encaixasse nos critérios de excelência estabelecidos pelos donos do poder. Até os imigrantes, quando chegavam na cidade, eram examinados. O exame era feito por médicos credenciados. Aqueles que não conseguiam o certificado de aprovação eram convidados a se retirar da cidade.

Frances Dalton morreu em 1911. Em julho de 1929, o Brasil sediou o I Congresso de Eugenia. Na aula inaugural,

130

o físico e antropólogo Edgard Roquette-Pinto discursou sobre as maravilhas da nova teoria eugenista, apresentando-a como uma nova ciência que seria a solução para as tão sonhadas melhorias que o país precisava. Ou seja, a eugenia foi apresentada como uma solução ou como uma espécie de portal que transportaria o Brasil para os braços da modernidade e do desenvolvimento.

Vale reforçar que a abolição da escravidão não foi um movimento que se deu por conscientização, mas por interesses econômicos do Império. Isso deixou evidente que o Brasil não teria condições psíquicas para expurgar de sua subjetividade coletiva toda sorte de estereótipos, preconceitos, repulsas, desafetos, discriminações e distorções da imagem de pessoas negras escravizadas. Foram quase quatro séculos consecutivos de promoção da desumanização que justificou a escravização como uma espécie de destino natural do negro. Esses sentimentos criados a partir das práticas racistas perduravam e eram expressados livremente. Não há notícia da realização de um trabalho de humanização da pessoa negra ou não branca. Quem mais chega perto disso, talvez por ser um homem negro que conheceu na pele o racismo, é o abolicionista e engenheiro negro André Rebouças, quando pensa nas políticas reparatórias necessárias para um pós-abolição que pudesse incluir a negritude como ente social real e merecedor.

Estamos falando aqui de uma mentalidade que já era eugenista desde o início da colonização, mesmo que não houvesse ainda um termo que assim nomeasse e nem o status de ciência. No pós-abolição, o Brasil, diante da entrada e consolidação da industrialização (e do capitalismo) e, conse-

SE A CIDADE FOSSE NOSSA

quentemente, de novos modelos de cidade, veria a negritude como um grande problema urbano. Não pela sua existência em si, mas pela recusa da sociedade branca dominante em incluir a população negra como seres sociais. Nesse momento histórico, a eugenia já tinha feito seu estrago.

Ouvimos muito por aí que as cidades brasileiras não foram planejadas. Isso não é verdade. Foram, sim, planejadas sob o arcabouço das práticas eugenistas e consubstanciadas por legislações higienistas, principalmente. Do mesmo modo, não é coerente atribuir a densidade populacional, que cresceu descontroladamente nas cidades, ao êxodo rural, pois esse mesmo planejamento eugenista não se importou com uma permanência saudável dessas pessoas no seu novo meio social. Do contrário, agentes públicos teriam previsto esse deslocamento, que era composto primordialmente por negros descendentes de escravizados, excluídos da nova ordenação social e espacial, que viviam na precaridade e viam nessa migração as chances de, finalmente, ter trabalho e vida digna.

Tanto as cidades foram planejadas que tivemos planos de urbanização sendo implementados com objetivos bastante racionais, apesar de desumanos. Na primeira fase de urbanização brasileira, que daria a base sólida para a construção do meio urbano em que vivemos hoje, tivemos um forte discurso higienista que resultou no urbanismo sanitário.

Nessa escola de urbanização, que se exerceu entre 1875 a 1930, a grande inspiração era a *belle époque* francesa, empenhada no embelezamento proposto pelos planos de melhoramentos, cujo nome já é, em si, a tradução das ideias eugenistas aplicadas ao pensamento formador das cidades.

E SE A CIDADE FOSSE NEGRA?

Cabe aqui uma informação importante, sobretudo do ponto de vista acadêmico que reverencia certas figuras lendárias da arquitetura e urbanismo, como o francês Le Corbusier, por exemplo. No premiado trabalho de Fabiola López-Durán, *Eugenics in the Garden* [Eugenia no jardim], a imagem mítica de Le Corbusier é colocada à prova e, pela primeira vez, me foi apresentado o vínculo estreito entre os ideais eugenistas que moldaram figuras históricas brasileiras, como o urbanista Lúcio Costa, e a consolidação da divisão racial do espaço.[12]

É inadmissível que tenhamos, nas salas de aula das faculdades de arquitetura e urbanismo, lacunas críticas sobre determinadas figuras que carregam grande responsabilidade pela perpetuação de opressões. Também temos na arquitetura e urbanismo a mesma discussão que há na literatura, que coloca Monteiro Lobato na berlinda, dividindo opiniões sobre como lidar com sua obra altamente racista. Há quem defenda a retirada de circulação e há quem defenda a permanência para que se converta em exemplo do que não fazer. Eu sou a favor da segunda opção, pois acredito que não devemos interpelar os fatos históricos.

Converter símbolos e figuras históricas em elemento educador das futuras gerações, talvez, seja mais eficiente do que apagar a história e correr o risco de que se reconstrua pelas mãos dos negacionistas que se beneficiam com as opressões. Evidentemente que, quando falamos em estruturas sociais opressoras, não podemos atribuir a indivíduos o ônus integral, mas devemos sempre lembrar a delicada

---

[12] Fabíola López-Durán, *Eugenics in the garden*, 2018.

relação entre indivíduos e a propagação das estruturas. Em nossas relações sociais, atualmente marcadas pelo desejo de ser antirracista, muitas pessoas brancas se justificam dizendo que o racismo é estrutural. E é.

Mas isso não exime o indivíduo do seu papel de avaliar em si mesmo até que ponto essas estruturas moldaram sua subjetividade, suas práticas e crenças que fazem com que se contribua com a perpetuação daquilo que pretende se opor. Para a branquitude, a luta antirracista, na maior parte do tempo, consiste em lutar contra si mesmo no decorrer da construção de uma postura humana verdadeiramente antirracista.

Com um vasto território como o nosso, a solução foi iniciar um sutil processo de expulsão, que se materializaria por meio dos planos de urbanização de evidente conotação higienista, uma dissidência ou ferramenta de efetivação do eugenismo.

Os primórdios da urbanização moderna se iniciam com os planos de embelezamento e melhoramento do espaço público, que começam a alterar a forma colonial das cidades e têm forte inspiração na cultura e comportamento da França. Segundo o arquiteto Flávio Villaça, a urbanização engatinhou quando os projetos de Georges-Eugène Haussmann na França foram apropriados e executados por Pereira Passos no Rio de Janeiro, então Distrito Federal, no início do século 20.[13]

Essa conexão tão evidente com a França, claro, também funcionou como importadora do pensamento eugenista. É muito comum responsabilizar os Estados Unidos e a Ingla-

---

[13] Flávio Villaça, "Uma contribuição para a história do planejamento urbano no Brasil", 1999.

E SE A CIDADE FOSSE NEGRA?

terra pela maneira como o eugenismo se espraiou por aqui, mas a influência desses países é mais determinante nas relações entre a população branca e negra. Quando falamos em cidades, foi a França que serviu de espelho para nosso ordenamento urbanístico, sobretudo pelo apelo da *belle époque* como ideal de civilidade a ser alcançado.

Até hoje, entre as classes dominantes, se observa o desejo pela reprodução da sociedade europeia, especificamente francesa, em solo brasileiro. Em São Paulo, por exemplo, a recente reforma do largo do Arouche recebeu, da municipalidade, a orientação de que se transformasse esse lugar – símbolo da diversidade sexual e da população LGBTQIA+ que vive na região central – em um boulevard de inspiração francesa.

O Brasil foi o primeiro país da América Latina a organizar e a consolidar a eugenia. Isso acontece a partir de 1918, quando foi criada a Sociedade Eugênica de São Paulo. Apesar de ser diversificado no objetivo e na atuação, o movimento eugênico brasileiro é bastante heterogêneo, teve uma atuação fundamental com a saúde pública e as questões sanitárias, sobretudo na psiquiatria, no decorrer das décadas de 1920 e 1930. Essa atuação foi hábil em estabelecer uma confluência entre as questões urbanas e a ideologia eugenista, conforme reflexão do arquiteto Marcos Virgílio da Silva:

> Já nas cidades, a atuação dos eugenistas se caracteriza pelo disciplinamento das massas trabalhadoras por meio da noção de higiene mental. Na década de 1920, a eugenia ocupa um lugar central no discurso psiquiátrico brasileiro. Advogando a possibilidade

de intervenção racional sobre a seleção natural, a
eugenia se apresentava com a proposta de defender
a saúde física e moral dos trabalhadores brasileiros.
Assim, o movimento de Higiene Mental é uma extensão e um desdobramento das questões eugênicas,
e ratificava parâmetros disciplinares, os quais deveriam garantir a formação de uma população sadia,
sem conflitos.[14]

Seria no mínimo ingênuo da nossa parte acreditar pia-
mente que todas essas questões não estiveram presentes
como norteadoras do planejamento das cidades. O racismo
que esteve presente nas cidades coloniais, notadamente nas
cidades que concentravam as principais atividades econômicas da Colônia, como agricultura e mineração, se origina-
ram nas relações entre senhores e escravizados para, então,
encontrar o meio urbano em construção, entrar de vez no
anacronismo e ancorar fisicamente no espaço urbano. De
maneira consciente, essa transposição foi celebrada pelo suporte científico dado pela ideologia eugenista, posteriormente consolidado pelas políticas higienistas que encontraram
um chão para se consolidar e espelhar no espaço urbano o
que já era articulado no nível social.

Sentimos e vivemos até hoje as consequências desse deslocamento do racismo, das cidades coloniais para as cidades
modernas. E por isso podemos afirmar com convicção que o
racismo tem sido um dos urbanistas das cidades brasileiras.

---

[14] Marcos Virgílio da Silva, "Detritos da civilização: eugenia e as cidades no
Brasil", 2004, s/p.

E SE A CIDADE FOSSE NEGRA?

Genocídio e violência urbana racializada: herança do urbanismo eugenista

"O entendimento sobre o que constitui ser branco existe em relação direta ao que se entende por ser negro. Branca é a cor do poder e do privilégio – negra é a cor da subjugação e da exclusão. Esse entendimento racial está impregnado na nossa história, nas nossas leis, nas nossas políticas e é culturalmente reforçado de maneiras diversas e dissimuladas. A polícia é o principal instrumento de sustentação da hierarquia racial que está no coração da identidade americana. As atividades policiais atuais nos bairros pobres e negros refletem as práticas e políticas impostas sobre os afrodescendentes durante a escravidão e o subsequente sistema legal de segregação. Há uma continuidade de propósito e de efeito entre as políticas de justiça criminal de outrora, cujos alvos principais eram os negros, e as leis criminais de drogas atuais, que, de maneira parecida, punem os negros desproporcionalmente. Em muitos sentidos, é a história se repetindo – as origens do Estado penal moderno estão enraizadas nos ajustes que as elites sulistas fizeram após a Guerra Civil para manter o sistema de controle e exploração da população negra."

DEBORAH SMALL[15]

---

[15] Deborah Small, "'A guerra às drogas facilita a criminalização de pobres e negros'", *O Globo*, entrevista a Julita Lemgruber, 21 jul. 2016.

SE A CIDADE FOSSE NOSSA

Do mesmo modo que ocorre na América do Norte, a guerra às drogas constitui, em território brasileiro, uma política de controle social de cunho eugenista. Volto a dizer que tudo o que transita por essa seara da questão racial se consubstancia no espaço físico que ocupamos, e é no espaço físico que construímos as relações em sociedade. Tenho defendido, engrossando o coro dos nada contentes teóricos e ativistas da luta contra o racismo, que não existe guerra às drogas. Até a construção da expressão é problemática, pois não se pode guerrear contra substâncias que são obviamente inanimadas e dependem da manipulação humana. Então, a expressão mais correta seria *guerra às pessoas que manipulam as drogas*.

Outro erro conceitual é o reducionismo que denomina substâncias ilícitas de *drogas*. Fica evidente que há um peso pejorativo que não está associado à periculosidade da substância em si, mas pelas circunstâncias dos meios sociais. Se houvesse uma guerra a substâncias que fazem mal a saúde, o álcool, protagonista de tantas tragédias e violências urbanas, também seria combatido.

Essa hipocrisia descortina a forma com que cocaína, crack, maconha (droga moral), ou seja, as *drogas de pobre* são tratadas. O álcool é pop, transita em todos os mundos, em todas as classes sociais, praticamente sem impedimentos, a não ser o da menor idade. A perseguição às drogas ilícitas mostra que a proibição não tem nada de protetiva. Trata-se de mais um argumento para que se possa usar da repressão e da violência como novas formas de expulsão e contenção dos indesejáveis. Na prática, fornece às forças policias e judiciais um pretexto para violar os lugares que foram construídos pelo racismo enquanto o *urbanista* que dividiu os espaços físicos.

Não seria de bom tom proibir o álcool do ponto de vista político, uma vez que não pegaria bem atitudes eugenistas visíveis. Sabemos que a proibição ficaria restrita às periferias e áreas favelizadas, lugar onde podemos observar o ápice da perturbação mental que encaminha pessoas para o vício. Não é casual a quantidade de igrejas evangélicas e de bares que se observam nas favelas e periferias. Ambas, drogas e igrejas, são polos de alívio subjetivo das pressões sociais que a triangulação raça, classe e gênero causam. Enquanto temos um contingente expressivo de mulheres nos cultos pentecostais, como herança da demonização dos corpos femininos pela supremacia masculina, temos a predominância de homens nos bares. As igrejas redimem e os bares ajudam a afogar sentimentos reprimidos em nome da manutenção da masculinidade.

Existe uma classificação social da cartela de drogas que não é muito comentada. Um usuário de crack tem um lócus social diferente do usuário de ecstasy, por exemplo. Portanto, há, nessa questão da guerra às drogas duas coisas que chamam atenção: a divisão socioeconômica que define os contornos de marginalização de substâncias ilícitas, de acordo com o lócus social do usuário, e a dicotomia da repressão x permissão dessas substâncias em determinado território. Os dois pontos passam pelo crivo da divisão racial do espaço nas cidades.

Em 2016, tive a oportunidade de conversar brevemente com a criadora do projeto Break the Chains [Quebre as Correntes], Deborah Small, especialista nessa questão. Até en-

SE A CIDADE FOSSE NOSSA

tão, jamais havia traçado esse paralelo entre a guerra às drogas e o planejamento das cidades, mas já tinha uma pulga atrás da orelha devido às minhas percepções de urbanista e de mulher negra. A minha intuição, hoje consigo ver que eu estava certa, era de que a cidade se comportava, com relação ao uso de substâncias ilícitas, de maneira diferente e de acordo com o lugar físico onde se está. Quando questionei Small sobre o viés territorial da guerra às drogas, ela me disse: "É um projeto. O planejamento urbano não é isento e nem desprendido da história que nos trouxe até aqui. Tudo está em função do racismo." Essas palavras e seu conselho para que eu seguisse esse rumo nas minhas pesquisas me trouxeram muitos insights que ansiavam para serem verbalizados. Era só uma questão de tempo.

Não é necessária uma observação científica para saber que não é incomum presenciar jovens brancos se deslocando pelas ruas de bairros de classe média – ou em espaços públicos considerados *de risco* – fumando maconha, inclusive em plena luz do dia. Eu mesma já vi situações assim, inclusive, com a conivência da polícia – que está nos bairros da classe dominante para proteger patrimônio – com usuários de substâncias ilícitas, sem o menor atrito.

Mas nas áreas periféricas, suburbanas, pobres, todos os moradores são previamente tido como drogados ou traficantes. Isso acontece realmente com todos. Tanto os pais quanto as mães que trabalham para dar conta da tarefa árdua de sustentar uma família em um Brasil que cultiva desigualdades. Não importa. Todos sofrem desconfiança.

Então qual seria a questão?

E SE A CIDADE FOSSE NEGRA?

No nosso país, a questão das drogas está intimamente ligada ao mito da marginalidade que, por sua vez, emerge como estereótipo racista complementar. Isso se observa nitidamente na maneira com a qual os meios de comunicação classificam suspeitos ou criminosos. Pessoas brancas jamais são tratadas como meliantes, mesmo quando há comprovação de seus crimes pela justiça, enquanto pessoas negras são taxativamente classificadas como criminosas, mesmo quando são inocentes.

No histórico racista da televisão brasileira, temos outro exemplo. Durante décadas, assistimos à imagem da negritude associada a ilicitudes diversas em novelas, filmes e propagandas. Aliás, a representação negra nos veículos de comunicação sempre ficou no meio-fio entre a marginalidade e a subserviência. Segundo a socióloga Julita Lemgruber:

> Em diferentes partes do mundo, o racismo serviu de fundamento para a proibição das drogas. Nos Estados Unidos, as investidas contra o consumo de algumas substâncias baseavam-se em imaginários preconceituosos e discriminatórios contra minorias raciais. Declarações oficiais do governo americano argumentavam, por exemplo, que homens negros e pobres estariam mais propensos a usar cocaína, levando-os a cometer violência sexual contra mulheres brancas.
>
> Nos organismos internacionais, os estereótipos raciais também circulavam livremente: um relatório da Comissão das Nações Unidas de Investigação da Folha de Coca, de 1950, afirmava ser a mastigação

da folha de coca – elemento tradicional da cultura e da espiritualidade de diferentes povos indígenas da região dos Andes – a causa da degeneração racial em muitos centros populacionais e da decadência que demonstram visivelmente inúmeros índios. É esse relatório que sustenta, até hoje, a criminalização da folha de coca pela Convenção Única das Nações Unidas sobre Entorpecentes, de 1961.[16]

Quando a negritude cria seu próprio território, esses estereótipos, que já recaíam sobre o povo negro e o local de permanência na Colônia, ressurgem nas cidades. Não foi apenas a configuração espacial que foi transportada para a (nova) urbanização, todas as informações impressas nesses espaços foram junto, até porque foi a mesma mentalidade que impôs esse deslocamento.

Isso contribuiu com a nova ordem urbana que reproduziu o eixo casa-grande–senzala das fazendas nas cidades em consolidação. Ou seja, a razão de ser das áreas periféricas e favelizadas é uma materialização do mito da marginalidade – ou dos estereótipos de degeneração moral – devidamente autorizado pelo status científico das políticas eugenistas que foram impostas à negritude e aos não brancos em geral. A cidade colonial se converteu, então, em cidade da colonialidade.

A guerra às drogas é a tecnologia atuante da colonialidade urbana que, a um só tempo, serve de facilitadora da função primordial do racismo (exploração, controle e elimi-

---

[16] Julita Lemgruber, "Introdução", in: Julita Lemgruber (org.), *Um tiro no pé*, 2021, p. 8.

E SE A CIDADE FOSSE NEGRA?

nação de contingente negro) e caracterização territorial do mito da marginalidade. Esse mecanismo se apresenta socialmente como justificativa para mortes por abandono do estado, chacinas intragrupos (pretos e pobres), genocídio como pretexto de pacificação e uma espécie de sublimação (desvio de tensão) da persona social branca.

Essa sublimação, termo que empresto da psicanálise freudiana e que versa basicamente sobre o desvio de uma pulsão destrutiva para algo construtivo, pode ser observada na onda de indignação social diante de alguma barbárie que acontece nos espaços periféricos e favelizados, como no caso de Kathlen Romeu, de quem volto a lembrar.

A justificativa da polícia é sempre a mesma: bala perdida. Mas as balas, assim como quem faz os disparos, jamais atingem quem está no topo da pirâmide produtiva das substâncias psicoativas e sempre protagonizam as execuções em territórios favelizados e periféricos, onde se dá o varejo de drogas. Ou seja, em uma consideração bastante simplista, estariam as polícias sempre inutilizando seu tempo de trabalho na tentativa desastrosa de achar o furo no cano que alimenta o comércio, em vez de se concentrar em fechar o registro?

Nas centenas de casos parecidos com o de Kathlen Romeu, a força da indignação é proporcional à culpa que toda a sociedade sente por saber que faz parte de uma estrutura assassina que catalisa privilégios diariamente. Assim, os veículos de comunicação servem de espelho social em que as pessoas espiam suas omissões, mas o narcisismo das elites e da classe média não permite que haja uma mudança efetiva na postura da sociedade. Essa mudança não vai começar por outro lugar que não seja o território, com a exigência de políticas de planejamento urbano antirracistas que coloquem o debate racial como ponto de partida de toda e qualquer ação.

Há uma onda de ruídos indignados que não resulta em nenhuma organização pública branca, já que a branquitude brasileira não parece disposta a ceder a posição histórica dada pela raça em detrimento da conversão dos privilégios em direitos igualitários. Essa seria a única ação viável. Um dos privilégios que precisa sofrer alteração significativa é a questão do acesso à moradia e, principalmente, acesso à formação e à absorção de profissionais negros, forjados na consciência racial honesta, para que, somados ao contingente técnico e acadêmico, seja possível propor soluções realmente efetivas – e, mais do que isso, afetivas.

Uma simples provocação pode deixar essa reflexão mais legível: onde moram os urbanistas que decidem sobre as cidades? E de que cor eles eram no passado? De qual cor são agora? Tenham certeza que responder essas perguntas nos ajuda a ver melhor a situação. Observem, por exemplo, que a guerra às drogas se concentra mais na repressão ao varejo do que à produção. As políticas de segurança pública estão equipadas, mentalmente, para a repressão e não para a resolução. Isso nos remete aos precedentes higienistas intimamente ligados a essa questão. Um dos objetivos das políticas higienistas era coibir o alcoolismo como instrumento de degeneração moral ligado à raça.

Apesar do fim cronológico da eugenia, a partir do final da Segunda Guerra Mundial, sua base ideológica é retransmitida como construto principal da colonialidade do espaço

E SE A CIDADE FOSSE NEGRA?

urbano, uma vez que seus subprodutos jamais foram questionados e sequer foram compreendidos em sua complexidade. Sabemos que, em uma sociedade falogocêntrica, o que não é demarcado no território discursivo se torna camuflado quando os interesses tratam de mantê-los na invisibilidade conveniente.

É no mínimo curioso que os resquícios da eugenia nunca sejam abordados como parte dos problemas urbanos; pelo contrário, continuamos convivendo nos espaços acadêmicos com referências de um planejamento de cidades terrivelmente comprometido com a segregação promovida pelas políticas higienistas que expressavam o ideal racista de melhoramento da raça.

Mais curioso ainda é insistir na narrativa de que os problemas das cidades advêm da falta de planejamento, uma vez que tivemos um urbanismo articulado por *planos* como os Plano de Melhoramento, Plano Agache, Plano de Avenidas etc.

Isso mostra a face negacionista do exercício urbanístico nas cidades, que renega o racismo como urbanista responsável pela divisão racial do espaço, pela formação dos espaços favelizados e periféricos, pela inadequação histórica da distribuição fundiária, pela conversão da terra em propriedade instituída pela Lei de Terras, pelo genocídio, entre outros problemas que se consolidam no território.

Essa questão nos aproxima muito do pensamento da escritora nigeriana Chimamanda Ngozi Adichie quando critica a história única contada pela ótica do colonizador ou dos descendentes, herdeiros da casa-grande. Na história única, muitas informações são ocultadas, pois havemos de con-

SE A CIDADE FOSSE NOSSA

cordar que não é fácil assumir o legado sangrento herdado, principalmente em um país que até pouco anos atrás se pensava cordial e democrático na convivência com as demais raças. Contudo, é preciso enfrentar esse legado, especialmente os urbanistas e os arquitetos que absorveram, em alguma instância profissional, a função social e humanitária como parte indissolúvel dos trabalhos de qualidade empreendidos nessa área.

Um bom começo para encarar esse legado é pensar criticamente as informações que precisam vir à tona no debate público, pois isso faz parte do caminho que pode levar à resolução. Era intenção da elite socioeconômica branca colonial eliminar todas as raças que não fossem puras. Como a ideia de pureza foi articulada pela ciência, obviamente houve reflexos na concepção das cidades e dos territórios, como bem discorreu Fabíola López-Durán em seu brilhante e detalhado estudo sobre a influência das práticas eugenistas europeias na América Latina:

> O progresso tornou-se o principal objetivo das elites latino-americanas que, impulsionadas pelas ideias positivistas, aplicaram a ciência e a tecnologia como as principais ferramentas para manipular seu meio agora maleável e o heterogêneo corpo social de suas populações. [...] Nas últimas décadas do século 19 e na primeira metade do século 20, as teorias da eugenia lamarckiana, que preconizavam a herança das características adquiridas, ofereceram aos latino-americanos uma esperança e uma solução prática para

E SE A CIDADE FOSSE NEGRA?

> superar obstáculos ao progresso e à civilização, supostamente representados pelo indígena aborígene, o africano importado e outras raças "indesejáveis" que chegaram na nova onda de migração, e pelas inextricáveis terras tropicais que se estendiam por quase 70% da região. Assim, a eugenia tornou-se a ideologia da modernidade da elite e a rota paradoxal escolhida por esse próprio grupo heterogêneo para alcançar a normalização, a comoditização e a eficiência do natural, tanto do meio ambiente quanto do humano.[17]

Ou seja, a eugenia continua ditando regras bastante contundentes e reorganizando as hierarquias populacionais do território brasileiro e, mais do que isso, definindo espaços de vida e espaços de morte nas cidades. O movimento eugenista, por meio das políticas de higienismo, organizou as cidades como as conhecemos, e criou um ambiente propício para o genocídio ser promovido longe das vistas morais de uma sociedade mergulhada em negacionismo racista que exalta a ilusória democracia racial.

É imperativo centralizar as discussões urbanas em torno da racialização do espaço físico das cidades, uma vez que é inegável que o racismo está desenhado constantemente no território. Vivemos nos espaços experimentados pelo deslocamento das cidades coloniais, que se dividia basicamente em casa-grande–senzala, e pelo genocídio, que se apresenta como uma extensão revisitada do eugenismo. Homens ne-

---

[17] Fabíola López-Durán, *op. cit.*, 2018, p. 249. Tradução minha.

gros são os que mais morrem, literalmente cancelados pela encenação política da guerra às drogas, e mulheres negras sofrem com a esterilização forçada e/ou com a promoção do sofrimento mental pelo luto não elaborado, pois, em muitos casos, há perdas sequenciais de filho, marido ou companheiro, pai, irmão e amigo nas ações intermináveis de extermínio racista nas periferias e nas áreas favelizadas.

A própria guerra às drogas é derivada das ideias eugenistas e das políticas higienistas que vieram da Europa na virada do século 19 para o século 20. A urbanização sanitarista nada mais era do que a expulsão dos indesejados (africanos e descendentes forros, indígenas e outros povos que não tinham o elevado status dos europeus importados pelo governo brasileiro) sob o pretexto da erradicação de epidemias e outros incômodos que se abatiam sobre os cortiços e habitações precárias.

Se houvesse o desejo de lidar com os problemas provenientes da precariedade das condições de higiene, tratariam de prover habitação decente para os trabalhadores que não recebiam subsídios para a construção de suas vidas nas novas cidades que surgiam.

No Brasil, sempre faltou consciência sobre a importância de organizações políticas de bairro que surgiram ao lado de organizações formais dos movimentos sociais. O ativismo por parte de vizinhos criou, ao longo do tempo, associações de moradores e ONGs que começaram a ser responsáveis por questões relevantes da administração do território. Aos olhos da mídia, as associações parecem espontâneas e superficiais, como se surgissem em resposta a um único pro-

E SE A CIDADE FOSSE NEGRA?

blema. Mas, na verdade, são parte de um amplo movimento de resistência organizada.

No trabalho político de vizinhança, o nível de fraternidade é central para a mobilização em massa dos negros contra o racismo institucional e pelos direitos e recursos de cidadania no Brasil. Os movimentos comunitários organizados pelos direitos à terra são uma faceta importante da luta histórica pelo pertencimento social e territorial dos cidadãos negros no Brasil.

Racismo urbano x racismo ambiental

Como vimos anteriormente, na abordagem sobre a especificidade do pensamento global da socióloga Saskia Sassen, certas categorias não dão conta de explicitar a complexidade de algumas questões. E é muito oportuno que possamos trazer novas categorias mais focadas em abranger todos os problemas que envolvem uma mesma questão. Como é o caso do racismo.

Pode soar estranho tantas camadas para explicar o racismo e suas ações, tais como racismo estrutural, racismo recreativo, racismo corporativo, racismo afetivo e tantas outras que ainda podem surgir. Mas quando entendemos que o racismo é sempre um sistema e que todo sistema se apresenta de modo complexo, multifacetado e com *modus operandi* muito peculiares, faz todo sentido especificar sobre o que exatamente estamos falando. Lembro aqui de bell hooks que, em um dos seus últimos livros publicados no Brasil, já considera o abandono do termo *racismo* e o substitui por "patriarcado supremacista branco capitalista imperialista". Ela entende que novas expressões do racismo não se limitam mais a relações de poder entre raças e/ou gêneros, pois temos também relações dentro desses grupos mediadas pelos indivíduos os quais, embora ainda sejam oprimidos, já experimentam novas condições dentro do seu lócus social.[18] Assim acontece quando pensamos racismo ambiental e racismo urbano, que podemos entender como parte da ação "supremacista racial capitalista patriarcal e imperialista" atuante no espaço físico compartilhado. Ambas categorias de racismo, urbano e ambiental, tratam das dinâmicas territoriais ou do *chão* onde todos os racismos se materializam. Mas, apesar da confluência, estamos falando de enfoques distintos.

Quando entendemos o racismo de verdade, percebemos por que algumas teóricas do feminismo negro norte-americano se referem às práticas racistas como tecnologias. O racismo é um sistema que oprime, controla e domina corpos não brancos através das relações de poder hierárquico. Sendo um sistema, se vale de diversas práticas, linguagens, métodos, processos, instrumentos e técnicas, das mais sutis e difíceis de identificar até as mais sofisticadas e complexas, que atuam de forma conjuntural e/ou isolada, alternada e/ou simultânea. Sendo assim, é preciso entender que em suas diversas tecnologias, temos duas modalidades que se entrecruzam, mas que possuem modos e atuações distintas: racismo ambiental e racismo urbano.

---

[18] Cf. bell hooks, *Escrever além da raça*, 2022.

E SE A CIDADE FOSSE NEGRA?

A expressão "racismo ambiental" foi cunhada, em 1981, pelo líder afro-americano de direitos civis dr. Benjamin Franklin Chavis Jr. O conceito surgiu, nos Estados Unidos, em um contexto de manifestações do movimento negro contra injustiças ambientais. O racismo ambiental é, em resumo, a prática discriminatória usada na elaboração de políticas ambientais, na aplicação de regulamentos e na construção de leis, entre outras coisas. A discriminação parte da conotação racial para deliberar sobre comunidades negras. Isso pode se dar, por exemplo, quando são feitas instalações de resíduos tóxicos, com venenos e poluentes, próximas às comunidades negras, ou ainda quando há o apagamento das lideranças negras nos movimentos de preservação do meio ambiente.

Em suma, racismo ambiental refere-se a toda e qualquer política, prática ou decisão que possa angariar desvantagens de maneira assimétrica ou desproporcional a indivíduos, grupos ou comunidades com base em raça. Também incide diretamente no meio urbano, como, por exemplo, nos debates sobre saneamento básico, mas, de maneira geral, se concentra nas questões climáticas. Por isso, as maiores vítimas de racismo ambiental são os povos indígenas, os quilombolas, a população ribeirinha, e todas as comunidades formadas por indivíduos não brancos nos lugares onde a natureza é ou deveria ser preservada.

Um exemplo de racismo ambiental pouco divulgado pelos meios de comunicação e, consequentemente, pouco discutido nos meios sociais, é o etnocídio – o extermínio de povos indígenas e quilombolas majoritariamente motivado por disputas fundiárias. O primeiro exemplo de racismo ambiental formalizado no contexto brasileiro é justamente a Lei de Terras de 1850, que já comentei anteriormente.

Aliás, todas as políticas fundiárias que foram empregadas no país, desde a invasão portuguesa, podem ser enquadradas nessa categoria de racismo, já que tinham como objetivo explorar riquezas sem nenhum critério ou intenção de preservação.

O racismo ambiental é um dos vieses da colonialidade no Brasil. Redesenha e reorganiza as práticas e os *modus operandi* de exploração, tanto étnico-racial quanto fundiário propriamente dito.

Já o racismo urbano se refere, principalmente, à divisão racial do espaço nas cidades e suas consequências, tais como a segregação socioespacial, a mobilidade urbana precarizada nas áreas de periferia, a fragmentação das cidades, a escassez de equipamentos urbanos de qualidade nas regiões periféricas, a gentrificação, a transposição da configuração casa-grande–senzala para o meio urbano, a dicotomia centro–periferia, a criminalização das ocupações por movimentos sociais, a repressão e o descaso com a população em situação de rua, a naturalização da subalternidade por meio da ideologia por trás da expressão áreas nobres, o genocídio da população negra, entre outros elementos.

Com efeito, o racismo urbano e o racismo ambiental se correlacionam e até se retroalimentam, mas possuem caminhos distintos de colaboração com o sistema de dominação e a opressão, baseado no conceito sociológico de raça. Enquanto o racismo no meio urbano se consolida e se

E SE A CIDADE FOSSE NEGRA?

recria a partir da configuração das cidades, o racismo ambiental é muito mais amplo e abrangente, porque emprega técnicas de promoção do sofrimento de grupos racializados, como negros e indígenas, pela escassez ou ausência total de medidas que viabilizam o acesso à terra e aos recursos provenientes.

As políticas habitacionais, por exemplo, são o mote da segregação racial no espaço das cidades. Já nas lutas fundiárias, há a negação da necessidade de reforma agrária e a demarcação de terras e o etnocídio dos povos tradicionais.

Por isso, precisamos especificar as práticas dos diferentes racismos e colocá-las de maneira que contemplem toda a complexidade de cada uma dessas modalidades, bem como identificar suas dinâmicas. O racismo ambiental, com frequência, implica sobre o funcionamento das cidades, contudo, o racismo urbano permite que nos concentremos em objetos específicos da estrutura social, o que permite melhor orientação para termos cidades mais dignas e igualitárias.

"Embora muita coisa tenha mudado, não paramos para questionar o legado do pensamento das antigas civilizações, que internalizamos e manifestamos ainda hoje. À medida que não é confrontado, segue sendo agente vivo causador da desigualdade, dada a sua impossibilidade de ser disfarçado."

Câmara dos Deputados, Comissão de Desenvolvimento Urbano, audiência pública "Racismo e o direito à cidade", Brasília/DF, 2018. Foto © Cleia Viana/Câmara dos Deputados

3.

E SE A CIDADE FOSSE DAS MULHERES?

> "E nossos corpos, aprendendo o hábito de uma conduta cuidadosa em lugares públicos, falam conosco com firmeza e clareza, dizendo: vocês não são livres."
>
> SUSAN GRIFFIN[1]

---

[1] Susan Griffin, *Rape*, 1986, p. 77. Tradução minha.

Soa estranho ouvir pela primeira vez qualquer menção sobre direito ao espaço urbano em que transitamos e construímos nossas vidas cotidianamente há décadas. Soa estranho pois há uma sensação naturalizada de que podemos nos locomover e temos livre acesso ao espaço urbano. Mas isso é apenas uma (falsa) impressão, pois, na prática, não é bem assim.

Para afirmarmos que o trânsito pelo espaço das cidades é verdadeiramente livre, precisamos ter respostas positivas a pelo menos algumas perguntas:

- Você circula realmente por todos os espaços das cidades? Anda livremente por toda e qualquer rua, viela, beco, parque e jardim?
- Você circula sem preocupação por esses espaços em todo e qualquer horário que sente vontade ou necessidade?
- Você sente que os espaços das cidades são adequados, dotados de infraestrutura e mobiliário urbano que atendem as necessidades de todos os tipos de pessoas, com todas as condições físicas, mães, pessoas idosas, pessoas com cadeira de rodas, andador, bengala ou muleta, pessoas com deficiência auditiva

ou visual, crianças, pessoas gordas, pessoas com baixa estatura (nanismo), pessoas com transtornos ou doenças mentais etc.?

- Você se sente segura a qualquer hora do dia ou da noite, em qualquer espaço das cidades?
- Você tem condições de adquirir um imóvel em qualquer espaço da cidade onde mora, levando em consideração apenas suas razões pessoais como, por exemplo, apreço pelo lugar?

Essas são perguntas que apontam condições básicas para uma vivência que deveria ser natural nas cidades. No entanto, estejam certos, caro leitor ou leitora, que se fizermos essas perguntas às cidadãs e aos cidadãos de qualquer lugar do Brasil, as respostas serão diferentes e as mulheres, moças e meninas minimamente atentas responderão negativamente a quase todas.

Isso significa que a maneira com que homens e mulheres vivenciam as cidades é bem diferente. As mulheres habitantes das cidades partilham da experiência de ser um corpo estranho, indesejado, invadido e apto a ser cerceado ou limitado. A liberdade de ir e vir nos é permitida, mas não com a integridade e a segurança com que os homens podem desfrutar. A começar pelos trajetos que raramente são escolhidos por nós, mas impostos pelas condições de violência urbana que caracterizam as cidades.

Quantas vezes deixamos de transitar por um determinado caminho por ser deserto ou pouco movimentado? Por uma calçada com residências muradas que não oferecem nenhum contato com a rua, o que impede de pedirmos socorro no caso de um assalto ou, até mesmo, de uma queda inesperada? Ou, ainda, quantas vezes evitamos sair sozinhas ou circular pelas cidades em determinados horários? Evidentemente, as mulheres não são as únicas vítimas de violência nas cidades, mas precisamos ter em vista o quanto a condição feminina é precária e oferece mais vulnerabilidade. Essas limitações impedem as mulheres de exercerem plenamente a sua cidadania.

Cidadania é uma palavra derivada do latim *civitas*, que significa cidade. Num sentido mais amplo, podemos definir cidadania como um status de pertencimento a uma coletividade que se qualifica pelo exercício dos direitos e cumprimento dos deveres. Mas cidadania também é a síntese da nossa constituição subjetiva (indivíduo e sujeito) e objetiva (social e política). Enfim, é algo muito mais importante do que a abordagem desgastada pelas demagogias dos discursos políticos nos leva a crer. A importância da cidadania é tamanha a ponto de estar assegurada no artigo primeiro de nossa Carta Magna como um dos pilares do Estado Democrático de Direito.

Art. 1º. A República Federativa do Brasil, formada pela união indissolúvel dos Estados e Municípios e

E SE A CIDADE FOSSE DAS MULHERES?

do Distrito Federal, constitui-se em Estado Democrá-
tico de Direito e tem como fundamentos:
I – a soberania;
II – a cidadania;
III – a dignidade da pessoa humana;
IV – os valores sociais do trabalho e da livre iniciativa;
V – o pluralismo político.[2]

Apesar de a Constituição nos dar essa prerrogativa, com
base em nossa experiência de cidade, podemos dizer seguramente que grupos minoritários (em acesso a direitos e não
em contingente) não a usufruem. Poderíamos ser até mais
firmes ao dizer que não há cidades para as mulheres, para a
negritude, para os indígenas, para os LGBTQIA+ e para as
pessoas de baixa renda. A cidade, em si, constitui o privilégio primeiro produzido pelas dinâmicas e articulações das
opressões que sustentam essa sociedade.

A percepção da ausência do direito de ir e vir dos grupos
minoritários é comprometida pela superficialidade com que
somos ensinados a ver e sentir as cidades. E, infelizmente,
esse é um dos resultados de uma educação que não estimula
a cidadania por meio do conhecimento e leitura dos espaços urbanos. Então percebemos que, de fato, podemos nos
locomover nas cidades, mas, em geral, não consideramos a
qualidade desses deslocamentos. Isso cria uma ideia de liberdade que não corresponde à prática, já que podemos ir e
vir mas, de acordo com as regras e códigos sociais ocultos,

---

[2] República Federativa do Brasil, Constituição Federal, Artigo 1º, 1988.

SE A CIDADE FOSSE NOSSA

nem todo espaço é para usufruto e permanência de todos os grupos sociais que compõem o cenário urbano.

Qual seria, então, o braço opressor atuante na demarcação fragmentada dos espaços das cidades e que cerceia a vivência e permanência das mulheres? Se você respondeu que é a supremacia da masculinidade,[3] sua consciência e sua percepção da realidade está despertada o bastante, o que é muito bom para o fortalecimento da atuação cidadã e para a sobrevivência.

É extremamente perigoso viver em um espaço que não nos tolera ou não nos aceita sem a percepção de que isso acontece, pois ficamos sujeitas a entender as violências e os abusos como se fossem motivados por nós e não impostos pela condição social que nos caracteriza. Costumo dizer que a ignorância e a alienação são menos dolorosas, porém, muito mais perigosas. Pessoas sem consciência do seu lugar social, e de tudo o que isso implica, se tornam uma espécie de arma apontada para si mesmas e, com frequência, são alvos fáceis para cooptações de todos os tipos.

Mas, seguindo com as definições necessárias, as opressões são um conjunto de práticas sustentadas por ideias e ideais de supremacia, que estabeleceu uma organização social baseada nas diferenças biológicas e sexuais (no caso do machismo), fenotípicas (no caso do racismo) e econômicas

---

[3] Tenho considerado o machismo como o exercício da supremacia da masculinidade por considerar que esse termo não dá mais conta de expressar todas as facetas que envolvem a assimetria de poder nas relações de gênero. A supremacia é uma ideia que sustenta uma série de práticas, na qual o machismo está incluso e é o carro-chefe. Mas, quando falamos em cidades, fica evidente que nem sempre o exercício da supremacia masculina se expressa na ação direta que o machismo em si representa.

E SE A CIDADE FOSSE DAS MULHERES?

(no caso da hierarquia de classes). Ou seja, o machismo é mais um elemento ordenador que cria relações assimétricas de poder entre pessoas e grupos e, podemos dizer, está consolidado como uma das hierarquias atuantes na sociedade e em todas as relações e representações.

Vamos, então, destrinchar um pouco mais essa conversa. Como enunciei, é importante destacar que toda e qualquer opressão se caracteriza por relações assimétricas de poder, ou seja, são relações de domínio e controle de corpos a serem explorados para fins de formação e sustentação de privilégios. Muitos intelectuais descrevem as origens do machismo no mundo apontando para um tempo muito anterior à consolidação do capitalismo. Embora não haja indícios definitivamente comprovados de que originamos de uma sociedade matriarcal, já que, segundo uma das pioneiras em estudos feministas no Brasil, Rose Marie Muraro, uma sociedade assim nunca existiu, compreendemos que, nos primórdios da humanidade, as relações de poder dadas pela gentrificação de corpos não existia e a organização social acontecia a partir do conceito de *matricentricidade* ou *matrilocalidade*, em que a maternidade era o centro, mas não se entendia tal centralidade como excludente, apenas como referencial. Vejam como é interessante a abordagem de Rose Marie Muraro sobre o assunto:

> Aliás, provavelmente, nunca deve ter existido uma organização social matriarcal, seja ela animal, humana, ou proto-humana. Porque matriarcal, por analogia a patriarcal, a organização social que veio depois, seria uma sociedade governada por mulheres da mesma

maneira que os homens governaram as nossas sociedades atuais, isto é, de maneira autoritária, de cima para baixo, os chefes determinando o comportamento e o modo de pensar dos outros elementos do grupo. Ao contrário, as sociedades matricêntricas e matrilocais como as conhecemos apresentam entre seus membros relações não tão cerradas quanto nas sociedades patriarcais. A relação macho/fêmea é esporádica e casual, e quando existe um "casamento", isto é, uma relação estável, ela tende a não ser exclusiva, ou ao menos escravizadora de uma das partes. A relação pais/filhos ou mãe/filhos é protetora e fluida, a criança é educada não para executar tarefas pré-fabricadas para ela, mas para cedo se tornar independente.[4]

Ainda segundo Muraro, há dois momentos em que a ruptura das relações harmoniosas entre homens e mulheres aconteceu. O primeiro foi quando as intempéries da sobrevivência se apresentaram como obstáculo, exigindo a força física para caçar, já que o sistema de coleta resultava em recursos escassos e intermitentes, o que trouxe a necessidade de conquista de novos territórios e, por consequência, o conflito entre grupos humanos pela posse de terras. Surgem, então, as guerras e a consolidação da força masculina como primeiro elemento para constituição de sua supremacia.

Em *Empoderamento*, livro que lancei na coleção Feminismos Plurais, discutimos de maneira sucinta a necessidade de rever o conceito de poder que estruturou a sociedade.[5]

---

[4] Rose Marie Muraro, *A mulher no terceiro milênio*, 2000, pp. 13-14.
[5] Joice Berth, *Empoderamento*, 2019.

E SE A CIDADE FOSSE DAS MULHERES?

Pois bem, por trás da ideia de poder que norteia nossas vidas em todos os âmbitos, está o DNA da supremacia pela força física, que se impõe e hierarquiza tudo o que for possível. Indo mais além, todo e qualquer entendimento sobre poder carrega em si, no seu cerne, premissas para as assimetrias diversas em toda e qualquer relação.

Como bem observou Michel Foucault, o poder se ramifica e se reproduz em todos os âmbitos da existência social e comportamental. Partindo disso, não há como pensar em transformação social sem romper com a concepção de poder que é historicamente opressora e que está ligada de maneira intrínseca à formação de masculinidades essencialmente supremacistas.

Em um segundo momento, a assimetria nas relações se consolida quando o homem adquire consciência da sua participação reprodutora na concepção de novas vidas e passa, a partir daí, a se instituir o conceito de família enquanto monopólio masculino ou o conceito de pátrio poder (poder do pai, poder do patriarca) e todo um sistema de supremacia masculina tem início.

É preciso entender que, quando falamos em patriarcado, estamos falando em uma nova forma de organização social que se dá pela hierarquia formada principalmente pelo uso da força física masculina. Inclusive, na cultura imersa na colonialidade, a procriação cria condições para que o corpo da mulher seja entendido como propriedade, já que produz herdeiros (gestações de mulheres brancas) para a consolidação da propriedade privada ou da mão de obra (gestações de mulheres não brancas e/ou pobres) para a manutenção dessa propriedade. De maneira sucinta, na colonialidade, o corpo da mulher passa a estar sujeito à posse e ao domínio de quem a possui.

Conceituando gênero e suas relações de poder

"A redução do gênero ao privado, ao controle do sexo, seus recursos e produtos, é uma questão ideológica, apresentada como biológica, e é parte da produção cognitiva da modernidade que conceitualizou a raça como atribuída de gênero e o gênero como racializado de maneiras particularmente diferenciadas para europeus/eias brancos/as e para colonizados/as não brancos/as. A raça não é mais mítica nem mais fictícia que o gênero – ambos são ficções poderosas."

MARÍA LUGONES[6]

Como disse na introdução deste *Se a cidade fosse nossa*, tomando como referência o pensamento de Saskia Sassen, é preciso esmiuçar conceitos que se estabilizaram em nosso meio social para poder compreender com profundidade a real influência dessas ideias nos problemas que temos que lidar atualmente. Muitas pessoas desistem dos debates vitais para a transformação social por não compreenderem a fundo as bases nas quais transitam, seja no campo intelectual ou na prática. Isso gera equívocos de análise e de conclusão que, quando não atrapalham, tornam menos eficientes, ou

---

[6] María Lugones, "Colonialidad y género", 2008, pp. 93–94.

E SE A CIDADE FOSSE DAS MULHERES?

até inverossímeis, as tentativas de erradicar as desigualdades que mantêm nosso abismo social aberto.

Como é o caso do tal *racismo reverso*, por exemplo, que denuncia uma incompreensão da estrutura que sustenta o racismo e da função multifacetada por trás de uma injúria racial. Grande parte dos brasileiros e brasileiras não compreende o que as opressões representam. Por isso, ainda precisamos falar de maneira didática sobre essas questões.

A opressão de gênero sofre igualmente dessa dificuldade de compreensão. De maneira geral, não percebemos, por exemplo, como o gênero interfere na qualidade de vida das cidades e nas decisões políticas sobre o espaço. Falar em cidades para minorias sociais, isto é, para grupos de pessoas que, embora sejam maiores em quantidade, são menores em garantias de direitos e benesses sociais, é falar de violências.

Se nas discussões feministas são elencadas diversas formas de violências a que mulheres estão sujeitas, tais como violência patrimonial, psicológica etc., há que se inserir a violência urbana como parte desse conjunto. Para pensar gênero em toda sua extensão conceitual, prática e histórica, precisamos entender que a violência é uma linguagem utilizada nas relações de poder desiguais que caracterizam as opressões que estruturaram toda a sociedade e suas relações políticas, culturais, objetivas e subjetivas. Chamo a atenção da violência como linguagem já que, *grosso modo*, atos e práticas violentas são expressões da comunicação de ideias, sentimentos, intenções, autoridades, supremacias etc.

A violência de gênero ocorre no mundo todo não por acaso. É resultante de um estigma que domina, controla e oprime mulheres, visando o lucro, a exploração e a concentração de direitos em um único grupo. Podemos chamar de privilégio a concentração de direitos em uma única categoria social. E há sempre um equívoco no entendimento do que significa privilégio dentro de um contexto de opressões estruturais. Não se trata de benesses e vantagens individuais, mas de direitos básicos e fundamentais que deveriam ser distribuídos entre toda a população, mas que são negados para grupos subalternos sob a colonialidade do poder. Um bom exemplo é a questão habitacional: temos no Brasil cerca de 6,09 milhões de pessoas sem casa, ao passo que temos cerca de 6,05 milhões de imóveis vazios.[7] Isso acontece mesmo que moradia seja um direito fundamental garantido pela Constituição. Ou seja, moradia, na prática, é um privilégio à medida que esse direito está concentrado na mão de um pequeno grupo, fazendo com que a maioria não tenha imóvel próprio, o que viola a garantia constitucional.

Volto a lembrar que a colonialidade, de acordo com Aníbal Quijano, é a consolidação das ideias e práticas sociais que se formaram na Colônia e se perpetuaram nas sociedades pós-independências. A colonialidade formou e estabeleceu hierarquia entre as identidades, confinando alguns grupos em uma posição politicamente desfavorável e desigual. Gênero, assim como todas as identidades paralelas criadas e marginalizadas pela influência da modernidade eurocêntrica, é uma categoria consolidada pela colonialidade.[8]

---

[7] Fernanda Odilla, Nathalia Passarinho e Luís Barrucho, "Brasil tem 6,9 milhões de famílias sem casa e 6 milhões de imóveis vazios, diz urbanista", *BBC News Brasil*, 2018.

[8] María Lugones, *op. cit.*, 2008.

E SE A CIDADE FOSSE DAS MULHERES?

Há um histórico de construção social que varia em alguns níveis de representação de acordo com cada lugar do mundo, mas todos partem de uma mesma ideia: a desumanização e a objetificação da mulher por uma supremacia que coloca homens, em especial homens brancos, como centro das decisões e dos acessos a privilégios e benefícios sociais diversos.

Para entendermos definitivamente que a violência de gênero é a linguagem pela qual as relações de poder social se expressam desigualmente entre homens e mulheres, é preciso antes compreender que gênero é o uso social, político, afetivo e cultural da diferença biológica que existe entre pessoas. Um pênis não é indicativo de superioridade natural, da mesma forma que vagina não é indicativo de inferioridade natural.

Essas informações biológicas se referem a nossas possibilidades reprodutivas, mas não dizem nada sobre as capacidades individuais. Porém, em nosso contexto, foram usadas para definir, entre outras coisas, quais vidas são mais importantes. Isso é notável quando falamos em violência de gênero, pois percebemos nitidamente que a sociedade vem tolerando todo tipo de agressão destinada às mulheres como se fosse natural.

Essa forma organizacional das nossas diferenças biológicas é um dos elementos que moldou todas as relações políticas, socioeconômicas e culturais, e pautou o modelo de desenvolvimento da sociedade em que vivemos. De maneira sucinta, podemos dizer resumidamente que gênero é o ordenamento social das diferenças sexuais que corpos de homens e mulheres apresentam. Esse modo de organização, que é histórico, define hierarquias sociais entre os sexos biológicos, bem como constrói as condições práticas para uma vivência desigual em direitos e experiências de todo tipo.

Outro exemplo importante para entendermos como isso funciona são as funções dentro das relações afetivas e maritais entre homens e mulheres. O sexo como uma obrigação da esposa é uma ideia que permite estupros dentro dos casamentos heteronormativos (entre pessoas de sexo diferente) e está fundamentado na ideia de disponibilidade involuntária do corpo da mulher para uso (e abuso) do companheiro (parceiro, namorado, marido etc.).

Nesse sentido, ressalto algumas definições teóricas importantes para aprofundar nosso entendimento sobre essa questão, como a de Guacira Lopes Louro, quando afirma que

> pretende-se, dessa forma, recolocar o debate no campo do social, pois é nele que se constroem e se reproduzem as relações (desiguais) entre os sujeitos. As justificativas para as desigualdades precisariam ser buscadas não nas diferenças biológicas (se é que mesmo essas podem ser compreendidas fora de sua constituição social), mas nos arranjos sociais, na história, nas condições de acesso aos recursos da sociedade, nas formas de representação.[9]

Para Teresa de Lauretis, gênero é muito mais que uma definição social para as diferenças biológicas. Segundo ela, gênero é o conjunto de diferentes tecnologias sociais, tais

---

[9] Guacira Lopes Louro, *Gênero, sexualidade e educação*, 2010, p. 22.

E SE A CIDADE FOSSE DAS MULHERES?

como rádio, televisão, cinema, jornais, internet etc., e de
múltiplas e simultâneas epistemologias institucionalizadas
e aliadas a experiências da vida cotidiana. Ela nos oferece a
seguinte definição:

> O sistema de sexo-gênero, enfim, é tanto uma cons-
> trução sociocultural quanto um aparato semiótico,
> um sistema de representação que atribui significado
> (identidade, valor, prestígio, posição de parentesco,
> status dentro da hierarquia social etc.) a indivíduos
> dentro da sociedade. Se as representações de gênero
> são posições sociais que trazem consigo significados
> diferenciais, então o fato de alguém ser representado
> ou se representar como masculino ou feminino su-
> bentende a totalidade daqueles atributos sociais. As-
> sim, a proposição de que a representação de gênero
> é a sua construção, sendo cada termo a um tempo o
> produto e o processo do outro, pode ser reexpressa
> com mais exatidão. Se as representações de gênero
> são posições sociais que trazem consigo significados
> diferenciais, então o fato de alguém ser representa-
> do ou se representar como masculino ou feminino
> subentende a totalidade daqueles atributos sociais.[10]

Essa perspectiva múltipla e abrangente sobre o que significa gênero encontra ressonância importante no trabalho da feminista decolonial María Lugones, como apresento no trecho
citado em epígrafe deste subcapítulo. Esse apontamento de

---

[10] Teresa de Lauretis, "A tecnologia do gênero", 1994, p. 212.

SE A CIDADE FOSSE NOSSA

Lugones é importante para se entender o entrecruzamento das questões referentes à violência de gênero, já que ainda existe certo debate que hierarquiza opressões de maneira equivocada, distorcendo a ferramenta de análise proposta por Kimberlé Crenshaw – a interseccionalidade – e negligenciando as estatísticas de violência doméstica.[11] Embora a mulher, em todas as suas representações, seja vitimada por essa expressão da masculinidade predadora, é inegável o agravamento dado pelas especificidades de categorias atuantes na definição de importância e função social dos corpos femininos. As opressões se dão por práticas que se aparelham e, por isso, se intensificam, tanto no espaço privado quanto na esfera pública, pois carregam marcadores da organização hierárquica da sociedade que agem e interagem simultaneamente: raça, classe e gênero.

Tendo em vista que essas duas tecnologias de opressão também são aliadas à materialidade da divisão social estabelecida pela classe econômica e que esta sustenta as estruturas de opressões e dominações, dispondo dessas coerções como meio de comunicação de suas hierarquias, como bem pontuou Angela Davis em *Mulher, raça e classe* (*ver* citação pp. 56–57).

É fundamental que mulheres brancas, pobres ou não, combatam ativamente o racismo, pois é um validador de opressão de mulheres e intensificador da dominação de corpos femininos de formas distintas e alternadas, mas sempre associadas, conforme argumenta Lugones quando aborda a colonialidade de gênero.[12] Podemos, então, ver melhor como

---

[11] Kimberlé Crenshaw, *On Intersectionality*, 2015.
[12] María Lugones, *Colonialidad y género*, 2008.

E SE A CIDADE FOSSE DAS MULHERES?

isso se dá na prática. Oyèrónké Oyĕwùmi observa que a categoria *gênero* é uma construção do patriarcado branco que colonizou a África e anulou a vivência iorubá que, até então, não hierarquizava os gêneros. Oyĕwùmi nos dá como exemplo a contradição inerente na expressão *mãe solteira*, ou seja, faz assim uma crítica sobre a fusão imposta pela cultura patriarcal entre estado civil e maternidade, ambos articulados para eliminar a autonomia da mulher.

Essa articulação também constitui uma forma de violência tangencial que está por trás de muitos casos de preconceito no espaço privado e público. Bem sabemos do desprezo social moldado por julgamentos morais severos que recebem as mulheres que se tornam mães sem estarem casadas, ou seja, sob tutela de um marido. Não é uma situação assimétrica a dicotomia entre valorização–desvalorização da mulher que é mãe com relação a mulher que é esposa.

Os homens retêm para si o desprezo social supremacista que secundariza a existência da mulher que é mãe, mas que pertence a uma família mononuclear, e se sentem autorizados a direcionar essas considerações morais negativas e desumanas sobre a maternidade para aquelas que, apesar de mães, não tem a validação da presença masculina em suas vidas.

Ou seja, se buscarmos um entendimento não ocidental da violência de gênero, conseguimos compreender a dimensão do problema na dualidade mãe–esposa que acaba por limitar a categoria mulher. Como, por aqui, a mulher está ligada majoritariamente à família nuclear como única possibilidade de existência digna, nossos costumes configuram um ambiente propício para a subordinação feminina e para a divisão sexual do trabalho, conforme explica Oyĕwùmi:

Quando se teoriza a partir do espaço limitado da família nuclear, questões de sexualidade são automaticamente acentuadas na discussão de gênero. Mesmo a categoria "mãe" só é inteligível para o pensamento feminista branco, se essa mãe é primeiramente entendida como esposa do patriarca. Como mães são, antes de tudo, esposas, parece não haver uma mãe desassociada de seus laços sexuais com um "pai". Essa é a única explicação para a popularidade do seguinte oxímoro: mãe solteira. Ainda que, na maioria das culturas, a maternidade seja definida como uma relação com seus descendentes, não como uma relação sexual com um homem, na literatura feminista, a "mãe", identidade dominante das mulheres, é subordinada à esposa. Como mulher é um sinônimo de esposa, a procriação e a lactação na literatura de gênero (tradicional feminista) são geralmente apresentadas como parte da divisão sexual do trabalho. A formação de casais pelo casamento é, assim, colocada como base para a divisão sexual do trabalho.[13]

Essa mesma ideia explica a penalização de mulheres que são abandonadas, bem como a desresponsabilização e o descompromisso de homens para com os descendentes gerados por ambos. O abandono parental masculino comunica de forma nítida que homens só associam a ideia de paternidade mediante a existência da esposa que assume o papel de mãe. Uma vez que esse homem não considera a mulher como

---

[13] Oyèrónké Oyěwùmi, "Conceituando o gênero", 2020, p. 5.

E SE A CIDADE FOSSE DAS MULHERES?

esposa, automaticamente exclui a mãe e a construção social da família mononuclear não lhe interessa.

Isso constitui uma violência pouco discutida, mas urgente em um país onde cada vez mais mulheres assumem sozinhas as responsabilidades pelas crias, mesmo atendendo as exigências formuladas pela cultura patriarcal (como abdicar da felicidade e da realização pessoal em detrimento das funções exclusivistas da ideia eurocêntrica de maternidade). Mães que não estão em um matrimônio, seja por opção ou por abandono do pai da criança, constituem um novo núcleo familiar em que a subordinação à presença masculina é nula, mas as imposições violentas da cultura patriarcal, não.

Se, por um lado, a mulher que é mãe e não conta com a presença patriarcal como centralidade do poder familiar tem que lidar com a sobrecarga de afazeres e responsabilidades sozinha, preenchendo a lacuna do pai ausente, por outro, ao ser bem-sucedida nesse cenário, subverte o poder patriarcal que orienta sobre a dominação de mulheres, pelo menos no ambiente doméstico.

Longe de construir definições romantizadas para a situação da mulher que é mãe, mas não é esposa, e precisa dar conta das intempéries de uma sobrecarga de responsabilidades, o que quero dizer é que o racismo está diretamente ligado à ideologia de gênero, elemento frequentemente despercebido na luta pela emancipação de mulheres, especialmente quando pensamos na presença majoritária de mulheres negras como arrimo de família.

Segundo o Instituto Brasileiro de Geografia e Estatística (IBGE), em 2005, o Brasil tinha mais de 10 milhões de lares compostos somente pelas mães, sem cônjuge. No último

SE A CIDADE FOSSE NOSSA

levantamento, feito em 2015, os números mostraram 11,6 milhões de mães solo.[14] O levante das mulheres diante dessa realidade é notório, tendo em vista também que 5,5 milhões de brasileiros não têm o nome do pai no registro de nascimento, segundo dados do Conselho Nacional de Justiça, com base no último Censo Escolar divulgado.[15]

Em que pese às definições básicas de gênero expostas até aqui, é preciso pontuar que, por tudo que vimos, gênero tem um arcabouço complexo de entendimentos e definições, em que tudo se concentra na imagem da mulher como submetida à ordem e ao controle masculino. Mas é preciso concluir, mediante uma visão interseccional, que raça e classe são fissuras distintas que atuam isoladamente e em conjunto, mas os marcadores como idade, vivência e expressão da sexualidade, bem como estado civil, são igualmente impactantes e diversificadores da experiência de gênero.

Mulheres são vítimas de violência, mas todas as vivências adjacentes de gênero, como LGBTQIA+, crianças/meninas, idosas/os, deficientes físicos, entre outras, serão também alvo de violências dessa especificidade, pois estão sob mesma compreensão ideológica de inferioridade dentro do escopo das relações de poder. Exemplo disso são os altos indicadores de vítimas de violência de pessoas LGBTQIA+, em especial de mulheres e homens transgênero, travestis, lésbicas e, ainda, os casos alarmantes de agressões a idosos e crianças (infanticídio). E todas essas categorias, ao menos

---

[14] Clara Velasco, "Em 10 anos, Brasil ganha mais de 1 milhão de famílias formadas por mães solteiras", *G1*, 14 maio 2017.

[15] "Cinco milhões e meio de brasileiros não têm o nome do pai na certidão", *Jornal Hoje*, 13 jul. 2015.

E SE A CIDADE FOSSE DAS MULHERES?

em relação ao senso comum social, não são contabilizadas como violência de gênero, nem dentro e nem fora dos espaços domésticos.

Quero chamar a atenção para o fato de que a ferramenta central da opressão e dominação é a desumanização e objetificação que marca pessoas do gênero feminino como coisas. Esses marcadores são reorganizados conforme as condições de existência que são julgadas como inferiores ou sem utilidade na construção e manutenção de privilégios supremacistas.

Em outras palavras, a categoria mulher se desloca no que se refere à ideia de inferioridade e submissão, atingindo outras existências sociais que não são especificamente condicionadas ao corpo biológico diferente. Os LGBTQIA+, por exemplo, e, em especial, as pessoas transgênero, acabam sendo colocados dentro dessa ideia de subalternidade e submissão, ainda que mulheres e homens transgênero dissidam nas diferenças biológicas que são usadas como organizadoras do poder social.

O Brasil é um dos países com o maior número de assassinatos de pessoas transexuais. Esse grupo está exposto às mesmas ideias limitadoras às quais mulheres cisgênero vivenciam. Embora os números indiquem que a ocorrência de agressões e outros tipos de violência são majoritariamente cometidos por companheiro íntimo ou figura masculina com quem se mantém relação de proximidade, faz-se pertinente lembrar que espaço público e privado são complementares e, muitas vezes, se manifestam como extensão um do outro, formando uma articulação que não permite que mulheres estejam seguras, seja dentro ou fora de seus lares.

SE A CIDADE FOSSE NOSSA

Sinto que, agora, nos é possível discernir melhor sobre como as violências são distribuídas no espaço urbano. Os espaços das cidades alimentam ideias de supremacia masculina (e racial) por meio de símbolos e de ocultamento da presença feminina. O apelo fálico das cidades – e precisamos aqui entender o fálico como a metáfora do poder masculino – é a reafirmação simbólica do poder que se estabeleceu como supremacia masculina quando da estruturação social dada pela ideologia de gênero e as tecnologias mantenedoras dessa ideia. Essa mesma lógica pautou o espaço doméstico como lugar *natural* do gênero feminino, que foi confinado no status social de objeto de uso e posse por e para o gênero masculino.

Assim é o problema que ambiciono apresentar: construímos historicamente um ambiente externo que atua na consolidação do imaginário supremacista por meio de metáforas de poder. Estas são absorvidas de tal maneira que, no espaço doméstico, se materializam pelo comportamento masculino patriarcal e absolutista que tem ali o *depósito* de seus bens e objetos de uso, inclusive as mulheres.

Os espaços das cidades que não foram pensados por e para mulheres também consolidam o desconforto feminino e corroboram a *cidadania mutilada*,[16] limitando acesso a direitos básicos como o da locomoção, por exemplo, e desmobilizando a ocupação feminina por meio do discurso e da incursão do medo aliado ao sentimento de não pertencimento.

Essas observações sobre a presença simbólica da supremacia no ambiente urbano nos mostram como as violências

---

[16] Cf. Milton Santos, "As cidadanias mutiladas", 1997.

E SE A CIDADE FOSSE DAS MULHERES?

se articulam em várias frentes e se retroalimentam para fortalecer o ideário da superioridade masculina. Isso está ligado à questão de gênero como um dos organizadores sociais das diferenças biológicas e deve compor o escopo de estudos.

Como vimos, a mulher se insere na representação familiar do poder masculino que se estende para toda a organização da sociedade como uma ideia naturalizada e sacramentada pelas instituições religiosas eurocêntricas. Na Roma Antiga, a partir da palavra em latim *famulus*, que significa escravo doméstico, formou-se, então, o conceito de família.

É sempre importante entender que palavras não são apenas o conjunto de letras e símbolos que compõem nosso principal meio de comunicação escrita e/ou falada. Quando falamos em violência doméstica, por exemplo, é fácil compreender que estamos falando de agressões diversas que ocorrem dentro dos lares, ao passo em que, se adotamos violência urbana ou violência territorial, fica fácil captar que estamos falando de violências que ocorrem na cidade. Isso porque a palavra carrega conceitos e significados, expressa ideias e ideais que contribuíram para mediar as relações humanas, caracterizar o tempo e consolidar a história. Quando algo é naturalizado, não surpreende, não choca. Nos acostumamos e consolidamos seu significado de tal forma que usamos certa palavra de maneira espontânea, sem refletir, já que o entendimento está absorvido.

Ocorre que naturalizar uma ideia ou conceito não quer dizer apagar seu significado inicial ou inibir sua manifestação prática. Ou seja, a ideia continua viva e atuante, mas não refletimos a respeito. Além disso, muitas palavras têm sua formação etimológica bem antiga, impregnada por ideias e

SE A CIDADE FOSSE NOSSA

conceitos da época que não cabem mais nos dias atuais, já que perderam o sentido à medida que fomos entendendo quais equívocos representavam.

O que faremos então? Abolimos? Excluímos totalmente a palavra que evoca conceitos e significados obsoletos ou que não podem mais reiterar ideias opressoras? Depende. Algumas palavras podem ter seu significado original deslocado no decorrer do tempo, passando por um processo de reorientação de sentido. Outras palavras, infelizmente, ainda atendem a um conceito ou ideia perniciosa. É o caso da palavra *família*. Para muitos, essa palavra expressa a ideia de união, de boa convivência, de amor incondicional entre pessoas, de construção de memórias etc. No entanto, em matéria veiculada pelo site *G1* em setembro de 2020, apurou-se que o país teve 119.546 casos de lesão corporal dolosa em decorrência de violência doméstica, ou seja, agressões no interior das casas, das residências onde famílias habitam.[17]

Como podemos ignorar o vínculo entre o significado da palavra que originou o conceito de família e a ocorrência da insegurança e exposição constante de mulheres a agressões dentro de seus lares, motivadas por ideias supremacistas naturalizadas e que no cotidiano das famílias reafirmam a sua origem semântica?

É imperativo pensar no conceito de família sem excluir a etimologia da palavra que a definiu e define, identificando comportamentos supremacistas baseados na ideia assimétrica de retenção do poder. Há um poder atuante dentro das

---

[17] Clara Velasco, Felipe Grandin, Gabriela Caesar e Thiago Reis, "Assassinatos de mulheres sobem no 1º semestre no Brasil, mas agressões e estupros caem; especialistas apontam subnotificação durante pandemia", *G1*, 16 set. 2020.

E SE A CIDADE FOSSE DAS MULHERES?

famílias, que corresponde ao poder social que é exercido de maneira também assimétrica fora da família, ou seja, na sociedade como um todo.

A família é uma célula social que vai absorver e reproduzir em seu cerne as hierarquias e supremacias que organizam a sociedade. Inclusive, isso está marcado até na configuração espacial da casa e na relação que seus membros têm com o espaço. Dito isto, podemos concluir que é preciso mais que ressignificar a palavra, é preciso ressignificar o que consolidamos no entendimento sobre família e as relações definidas por essa célula social que sempre parte de um poder central, primordial, que é do patriarca, mesmo em famílias onde não há um pai. Portanto, quando falamos em patriarcado, estamos falando de uma representação da supremacia masculina que permeia todos os entendimentos sobre famílias e suas relações.

É dentro da família que homens reproduziram a desumanização da categoria mulher. A mesma desumanização que se dá na sociedade, inclusive feminizando e subalternizando outras categorias humanas não brancas, de faixas etárias distintas, de classe social baixa, ou seja, que não se enquadram no padrão branco eurocêntrico de macheza.

Todos os homens estão localizados dentro do esquema de hierarquização imposto pela supremacia masculina branca. Mas nem todos os homens se beneficiam igualmente desta posição social. O homem negro é visto como menos homem do que o branco em um processo de animalização, que é um viés mais profundo da desumanização.[18]

---

[18] Desumanizar é tirar a humanidade. Mas isso não necessariamente confina a pessoa à condição de animal. Animalizar é, além de tirar a humanidade,

Ou seja, o homem negro é feminizado pelo homem branco, não em termos sexuais, mas por que pressupõem a subalternização. O mesmo acontece, guardadas as devidas variantes, com pessoas com deficiência (PCD), com os mais velhos, com aqueles que foram racializados, com homens homossexuais etc.

Sendo assim, podemos considerar dois dados importantes que dizem respeito sobre a violência baseada em gênero em ambiente doméstico e privado.

O primeiro dado: até bem poucas décadas atrás, não existiam leis específicas e recursos sólidos de defesa da integridade física e da vida de mulheres. A pauta demorou a ser um assunto de discussão pública, limitando-se aos meios de militância e aos espaços acadêmicos. Maria Amélia de Almeida Teles nos diz que:

> o movimento feminista brasileiro começou a colocar em destaque a questão da violência contra a mulher em 1980, mais precisamente no II Congresso da Mulher Paulista. [...] A mulher brasileira até então se mantinha calada frente a violência doméstica. Capaz de denunciar corajosamente as torturas e assassinatos cometidos pela polícia, omitia a violência praticada contra ela própria pelo seu marido ou companheiro. [...] Em São Paulo, de 1985 a 1990, foram registrados

---

confinar no lugar de animal. Temos como exemplo a diferença entre a maneira como é considerada a sexualidade feminina. A mulher branca como desumanizada tem seu corpo público e vigiado, já a mulher negra carrega o estereótipo da lasciva, de sexualidade gutural e incontrolável. Por isso, a luta antiespecismo se faz oportuna por todas as pessoas racializadas pela colonialidade que lutam pela emancipação social.

E SE A CIDADE FOSSE DAS MULHERES?

1.642.463 boletins de ocorrência de lesões corporais, tentativa de estupro e mesmo estupro em mulheres, conforme dados da Assessoria Especial das Delegacias de Defesa da Mulher.[19]

E o segundo dado: ainda estamos sob a jurisdição de diversas leis que foram forjadas sob as bases do pensamento colonial, que era essencialmente patriarcal e, portanto, exprimia o padrão de poder moldado a partir dessa lógica. Isso não apenas garantiu a impunidade e por vezes até a proteção dos agressores, como impediu a ampliação e a reverberação do debate público acerca do tema.

Os meios de comunicação de massa, por exemplo, ainda hoje exibem e corroboram a narrativa de subalternidade da mulher e, por consequência, fomentam a violência como linguagem do sistema de opressão e dominação, seja por meio de novelas, peças publicitárias e *realities shows*, entre tantas outras narrativas.

Desde a Colônia, sempre existiu um cenário de permissividade e de cumplicidade entre principais atores da sociedade, poderes públicos, entidades religiosas, meios de comunicação etc. que não apenas favoreceram a mediação entre a supremacia masculina e a subalternidade/desumanização feminina, como, simultaneamente, incentivaram, no decorrer da história, direta ou indiretamente, a disseminação dessa linguagem.

Como já alertei neste livro, a violência não se dá apenas por danos físicos e agressões visíveis. Há outras categorias

---

[19] Maria Amélia de Almeida Teles, *Breve história do feminismo no Brasil e outros ensaios*, 2017, p. 136.

de violência que se articulam entre si e são aplicadas de forma crescente. Essa rede de violências forma uma linha nos relacionamentos que vai desde o assédio (moral/sexual) ao feminicídio consumado, passando por agressões verbais, patrimoniais, psicológicas, morais, entre outras práticas que minimizam as mulheres dentro das casas, no cerne das relações familiares.

Até mesmo quando analisamos a distribuição espacial das casas ocidentais, vemos a centralidade da área social e o espaço secundário da cozinha. No passado, a cozinha era o lugar da mulher escravizada, que somente podia adentrar o espaço central para servir. Daí vem a expressão bastante conhecida "tenho um pé na cozinha", em referência a uma possível mestiçagem como herança racial. Atualmente, a cozinha não é mais o espaço de servidão negra (exceto nos lares que mantêm empregadas domésticas), mas a gentrificação desse espaço ainda permanece no inconsciente coletivo na forma da expressão "lugar de mulher é na cozinha".

Tudo que se pensa no ocidente é marcado pela dualidade antagônica centro–periferia, inclusive grande parte da configuração espacial dos lares. Faz parte do escopo das violências que ocorrem dentro dos lares o estigma da existência feminina como pertença do espaço doméstico, mesmo quando a mulher trabalha fora.

> Assim, a categoria fundamental da diferença, que aparece como universal a partir dos limites da família nuclear, é o gênero. A mulher no centro da teoria feminista, a esposa, nunca sai do espaço domiciliar. Como um caracol, ela carrega a casa em torno de si mesma.

E SE A CIDADE FOSSE DAS MULHERES?

> Consequentemente, onde houver uma mulher, esse lugar torna-se a esfera privada da subordinação das mulheres. Sua presença define-o como tal.[20]

A ideia de que mulheres pertencem ao espaço doméstico está intimamente ligada à questão do assédio e das violências sexuais diversas que as vitimizam no espaço público. Ora, se o lugar de mulher está confinado no espaço doméstico, aquelas que não atendem essa definição social da existência feminina estão infringindo regras, quebrando protocolos e invadindo o espaço da masculinidade pautada na macheza, ou seja, invadindo o espaço do *pater familias* ou do chefe da família. Esse espaço é o espaço urbano, aquele que foi pensado e construído para comportar os interesses das masculinidades patriarcais.

Importante perceber que todas essas informações são atuantes de maneira inconsciente de tão naturalizadas. Usando emprestado um conceito da psicanálise, temos uma espécie de superego social, paternal e falocêntrico, que foi formando a personalidade social e influindo na maneira como nossa sociedade funciona, determinando e mantendo hierarquias e delimitando lócus sociais a partir dessa lógica que é essencialmente acrítica, excludente, segregacionista e perigosa.

Esse estigma do gênero feminino como parte do espaço privado ou do *pater familias*, condiciona, encaminha e justifica todas as violências baseadas em gênero, tanto no espaço doméstico quanto no espaço público. Em uma perspectiva

---

[20] Oyèrónké Oyěwùmi, *op. cit.*, 2020, p. 88.

histórica, podemos dizer que o espaço da mulher sempre foi o de reclusão, de modo que quando, dentro do espaço doméstico, a violência é *autorizada*, no espaço público, a presença de mulheres é, além de limitada, digna de retaliação, por extrapolar os limites físicos que a ideologia patriarcal definiu.

Ou seja, há punição para todas as categorias de mulheres, enquanto corpo assimilado como subalterno e apto para dominação e controle, dentro e fora do espaço doméstico, seja pela agressão física ou pelo assédio nas ruas – uma forma de violência e retaliação da presença feminina como resposta a *invasão* de um espaço que não lhe pertence. A mulher como *objeto doméstico* é algo tão naturalizado e proporcional à hostilidade que esta encontra fora do seu ambiente natural que a socióloga Heleieth Saffioti, em *A mulher na sociedade de classes*, conceituou desta forma:

> A sociedade investe muito na naturalização deste processo. Isto é, tenta fazer crer que a atribuição do espaço doméstico à mulher decorre de sua capacidade de ser mãe. De acordo com esse pensamento, é natural que a mulher se dedique aos afazeres domésticos, aí compreendida a socialização dos filhos, como é natural sua capacidade de conceber e dar a luz.[21]

Vale lembrar que, quando falamos em gênero feminino, precisamos romper com a universalidade expressa pela figura da mulher branca que acaba se firmando como ponto

---

[21] Heleieth I. B. Saffioti, *O poder do macho*, 1987, p. 9.

E SE A CIDADE FOSSE DAS MULHERES?

central do olhar. A mulher branca ocupou esse lugar em decorrência da racialização como um dos estruturantes da organização social das diferenças biológicas. É preciso lembrar que nossa sociedade ainda considera como mulher apenas a mulher branca, cisgênero e heteronormativa, mantendo vivo e, infelizmente, necessário o questionamento de Sojourner Truth, feito em 1851, no Women's Right Convention [Convenção pelo Direito das Mulheres]: "E eu não sou uma mulher?"[22]

A racialização como produto e constructo da colonialidade aprofunda e dá outros contornos ao *modus operandi* da violência sofrida pelas diversas categorias de mulheres que ficam fora da padronização patriarcal de corpos: as negras, as indígenas ou não brancas, as lésbicas e transgêneros, as mulheres com deficiência, mulheres na terceira idade, crianças, mulheres gordas ou que não performam uma feminilidade essencialista imposta pela ordem patriarcal supremacista.

Nesse sentido, a mulher negra é um exemplo que se distancia do modo como a mulher branca é tratada no espaço público. Mulheres negras não são vistas como corporeidades deslocadas do seu *lugar natural*, são vistas como as serviçais do homem branco e de sua estrutura de exploração, em que o homem negro como masculinidade não hegemônica também faz parte. São duas subalternidades que são toleradas no espaço físico, já que possuem um lugar nessa estrutura: o lugar do trabalho braçal. A mulher negra nunca esteve inserida da mesma forma que as mulheres brancas quando

---

[22] Sojourner Truth, "Ain't I a Woman?", 1851.

SE A CIDADE FOSSE NOSSA

falamos em pertencimento na família. Enquanto a mulher branca é o bem material que pertence ao homem branco como garantia, extensão e continuidade de suas posses, a mulher negra é o próprio objeto usado para formação e manutenção dessas posses. O casamento entre pessoas brancas heteronormativas era, no passado – e em certo modo ainda é –, de caráter utilitário, tanto do ponto de vista prático quanto racial. Não são duas pessoas que se casam, são duas famílias e suas riquezas acumuladas, seu poder aquisitivo, sua propriedade privada que se unem para formar um único caixa. O casamento branco é uma instituição criada para somar patrimônios que atendem o princípio da hereditariedade. Tudo transita entre herdeiros. Como o objetivo capitalista é, *grosso modo*, o acúmulo de riquezas e privilégios, para que isso seja possível, duas vertentes de exploração foram adotadas, machismo e racismo, cada uma com sua função específica.

O racismo é a mão que trabalha para produzir bens materiais e o machismo viabiliza a consolidação dessas riquezas por meio da divisão sexual do trabalho, em que a esposa atende às necessidades domésticas. A mulher negra, maioria histórica nas estatísticas de celibato definitivo, não se casa, pois não tem nenhum capital político a oferecer nessa complexa equação, exceto a livre exploração de sua sexualidade por parte das masculinidades hegemônicas.

Daí o estigma criado para dar suporte e, ao mesmo tempo, permitir que essa exploração sexual seja justificada, que é o mito da lascividade da mulher negra, aquela que estaria sempre disposta e disponível ao sexo sem propor nenhuma barganha ou exigir a proteção e respaldo social dado a mulher branca. Por isso, o corpo da mulher negra transita entre

os espaços físicos com certa permissão, pois subentende-
-se que sua função é servir de alguma forma. Isso explica
porque mulheres negras aparecem em maior número nos
indicadores de assédios sexuais e estupros, inclusive com o
componente etarista: meninas negras são vistas como adultas muito mais cedo do que as meninas brancas e sofrem as
mesmas violências que mulheres negras adultas.

De acordo com o dossiê *Violência contra a mulher em dados* (Instituto Patrícia Galvão), entre 2011 e 2017, mais de
45% dos casos de abusos sexual registrados no Brasil foram
de meninas negras de 0 até 9 anos. No mesmo período,
quando analisamos os números referentes às meninas brancas, este percentual cai mais de 7%. O racismo estrutural e a
vulnerabilidade social e econômica ajudam a explicar esses
dados, mas é preciso discutir também a hipersexualização
dos corpos de mulheres negras, inclusive na infância.

Se a experiência de mulheres nos espaços urbanos é diferente da experiência de homens, o componente racial também define as diferentes vivências entre mulheres brancas e
negras ou não brancas que, além de expostas à opressão de
gênero, têm as ferramentas do racismo atuando no aumento
da agressividade na abordagem, na intensidade dos abusos e
na exposição dessas mesmas mulheres a perigos invasivos.

Isso ainda se soma à exclusão de mulheres negras nos espaços que pensam e produzem a cidade, já que a colaboração
dessas intelectuais é sempre suprimida, usurpada, ignorada
e negligenciada. As invasões e os silenciamentos são parte
das ações da colonialidade do saber que perpetuou a ideia
racista de selvageria, o que fez do corpo da mulher negra
um objeto com propensão natural à servidão e à exploração.

É necessário apontar que em todos os grupos sociais minoritários (em acesso a direitos e não em contingente), as mulheres que não se enquadram em alguma medida no padrão de performance de feminilidade estão sujeitas a experiências de violência, em ambiente público e privado, embora isso seja pouco abordado pelos meios de comunicação hegemônicos.

A performance de feminilidade vai muito além da estética, pois é exteriorizada pelos estereótipos de comportamento alimentados pela cultura patriarcal, como, por exemplo, a ideia de fragilidade. Faz parte da subjetividade estabelecida pela matriz de poder masculina perseguir, atacar, vilipendiar, achincalhar, dominar e derrotar tudo que está relacionado à fragilidade.

É na performance de fragilidade que está a possibilidade de masculinidades problemáticas viverem plenamente o delírio da força supremacista e de reafirmar o ideal de macheza autoatribuído ao homem e estimulado de diversas formas pela sociedade como um todo.

A macheza foi transformada em atributo desejável, admirável e necessário para ser respeitado, e muitas mulheres desejam esse modelo de masculinidade, em que a virilidade é sinônima de comportamento agressivo e violento. E cabe ressaltar o quanto essa questão é fundamental na compreensão de qualquer análise sobre violência baseada em gênero, seja no espaço doméstico, seja no público.

Quando falamos em masculinidades tóxicas estamos, na realidade, falando do ideal de macheza que concentra em si a permissão para violentar e subjugar tudo o que se opõe ao seu atributo de valor humano. E isso está impregnado no

E SE A CIDADE FOSSE DAS MULHERES?

pensamento e na prática social. Um dos pilares de sustentação subjetiva da supremacia masculina é o ideal de macheza e de virilidade como essência da verdadeira masculinidade.

No filme *Clube da luta*, de 1990, dirigido por David Fincher, quando o inconsciente ou o instinto do personagem principal se liberta e se materializa em uma espécie de alter ego na figura de Tyler Durden, nasce a confraria, em que é possível bater e apanhar. É nesse lugar de livre expressão da virilidade como sinônimo de violência que se estabelece a ideia de que resistir a tudo isso é, segundo o personagem, um sinal de força. O diretor David Fincher, intencionalmente ou não, faz a crítica certa sobre a internalização perigosa do que as masculinidades alimentadas pelo culto à macheza podem fazer. A macheza é o marsúpio (a bolsa do canguru) em que os ideais supremacistas de dominação e de opressão se desenvolvem embaixo dos olhos de uma sociedade que não apenas aplaude, como incentiva, propaga e, por vezes, até premia a violência. Essa virtude torta é alimentada por todas as vias possíveis até se tornar um ente vivo e autônomo.

Tento aqui descrever um pensamento formado a partir da observação constante do comportamento de homens violentos. Eles estão em constante luta interior entre a macheza (ou a essência da masculinidade patriarcal) e uma expressão mais gentil da masculinidade. Como se estivessem disputando a porção animal e a porção humana em uma sociedade que estimula o enfraquecimento do humano e a vitória do animal por meio do sufocamento das emoções e da afetividade. Em troca, essa sociedade favorece a livre exaltação da força como atributo restrito ligado à presença genital do pênis, da dureza e da desumanização, criando e alimentando um antagonismo entre a ideia de fragilidade masculina ante a violência e a agressividade.

Quer dizer, para a sociedade patriarcal e falocêntrica, ser homem é ser capaz de produzir violências. Para uma sociedade construída sob esses valores estruturais, a polaridade entre frágil e forte, que promove constantemente a ruptura da capacidade humana de sentir e expressar sentimentos e fragilidades, é um organizador subjetivo da supremacia e das relações de poder entre os gêneros masculino e feminino.

O pensamento que ainda perdura no senso comum é a polaridade antagônica que se reafirma constantemente na ideia de que a essência da feminilidade é ser frágil e a essência da masculinidade é ser forte. Uma vez que nossa existência comporta esses dois atributos, a violência se dá como resposta única e efetiva para garantia da supremacia masculina.

De maneira genérica, sem entrar em definição estrita sobre os conceitos de força e fragilidade/fraqueza, tanto no sentido físico quanto emocional, sabemos que homens e mulheres podem ser frágeis e fortes ao mesmo tempo. Mas essa dinâmica que anula subjetivamente a força feminina para exaltar uma fragilidade que se projeta como metáfora da subalternidade também anula ilusoriamente a fragilidade masculina para exaltar sua força como metáfora de poder. Isso reorganiza as relações a partir do surgimento de uma hierarquia como consequência dessas dinâmicas que são internalizadas individualmente e consolidadas no senso comum social, sendo arrastadas como verdade no decorrer da história.

E SE A CIDADE FOSSE DAS MULHERES?

O guarda-chuva *gênero* e os estereótipos de feminização

Embora algumas feministas acreditem que a palavra *gênero* seja prejudicial para a compreensão do quão profundo são os efeitos da dominação e exploração feminina, considero extremamente oportuno usar esse termo abarcando a experiência opressora de pessoas LGBTQIA+, especialmente das mulheres lésbicas, pessoas transgênero e travestis.

Principalmente porque o gênero – enquanto ideologia alimentadora da sanha de masculinidades pela dominação e pelo controle de corpos – vai recair nessas identidades e vivências de maneira diferente. Sim, sobretudo quando se sabe que a socialização é fator marcante (especialmente para mulheres transgêneros e travestis). Mas há, sem dúvida, a feminização como trabalho de desumanização que nos coloca debaixo do mesmo guarda-chuva de violências dirigidas.

Mulheres trans e travestis, comumente, não são vistas como mulheres pelas masculinidades forjadas pela dominação patriarcal. Essas masculinidades estão invariavelmente socializadas para assimilar o conjunto de códigos sociais e imposições comportamentais somente a partir da informação imagética biológica. Assim, só se considera a constituição física como fator determinante da existência masculina ou feminina. Contudo, essas mulheres tampouco são vistas como homens.

Assim como as mulheres lésbicas e os homens trans também não são vistos como homens. Isso determina a exclusão de homens trans e mulheres lésbicas, ao mesmo tempo que recaem sobre as mulheres trans e travestis o ódio dessas masculinidades. Estas são consideradas uma ofensa ao poder e um ultraje ao privilégio de dominar e ao controle de corpos que é prerrogativa do macho em uma sociedade hierarquizada pela ideia de supremacia masculina.

Isso talvez explique os requintes de crueldade com que ocorrem os feminicídios de mulheres trans, de travestis e de mulheres lésbicas. No primeiro caso, a violência se potencializa, pois as mulheres trans são consideradas *traidoras* da masculinidade. São vistas como aquelas que fizeram pouco caso do status de macho. No segundo caso, a violência se potencializa por uma defesa do território da masculinidade.

Todos sofrem com a imposição e dominação exercida pela masculinidade patriarcal, o que leva a necessidade de pensar em gênero como um termo que engloba todas aquelas e aqueles que sofrem com a *feminização* como código de desumanização para fins de domínio e exploração. O termo gênero serve, ainda, para pensar em violência contra crianças, idosos e homens gays ou heterossexuais que não atendem aos códigos dominadores e predadores da masculinidade, mas expressam os códigos estereotipados do gênero feminino (fragilidade, fraqueza, pouca inteligência, alta emotividade, inocência etc.).

Evidentemente, a interseccionalidade será sempre uma ferramenta de análise importante, já que jamais poderemos comparar as violências sofridas por homens afeminados ou homens idosos com as que sofrem mulheres trans, lésbicas e cis heterossexuais. Do mesmo modo, as experiências desses grupos nas cidades serão diferentes, mas sempre pautadas pelas práxis opressora e pela violência como dialetos que comunicam.

E SE A CIDADE FOSSE DAS MULHERES?

Como foi apresentado na introdução deste livro, não é só a questão racial que estruturou nossa sociedade. A questão de gênero também, uma vez que é uma das fontes de formação de privilégios sociais e uma das hastes de sustentação da pirâmide social que nos caracteriza. A colonialidade converteu nossas diferenças biológicas em organizadores sociais, estabelecendo padrões de comportamento, regras para ser, existir e interagir em sociedade. Mas, apesar desse trunfo da colonialidade, não podemos dizer que a ideologia que pauta essas diferenças como um balizador sociopolítico tenha começado, cronologicamente, a partir da modernidade–colonialidade.

Assim se faz a manutenção de privilégios sociais e políticos enquanto se garante o funcionamento do sistema de dominação e a opressão de corpos. Romper com essas dinâmicas passa pelo processo de decolonização do comportamento social coletivo, bem como pela conscientização de homens e mulheres de todos os grupos de que nenhuma hierarquia é saudável e todas produzem situação propícia para que a violência prospere.

Quando falamos em violência de qualquer espécie, estamos falando prioritariamente em uma arena em que se luta para alcançar, configurar, manter e aplicar uma ideia histórica e supremacista de poder social, onde quem pleiteia estar acima comunica sua suposta superioridade por um dialeto prático que é a violência, nas suas mais variadas formas de ser e existir.

É importante destacar duas questões que descendem dessa ideia e se expressam de modo objetivo nas cidades e em seus espaços físicos: o culto ao carro e o culto ao falo ou a materiali-

SE A CIDADE FOSSE NOSSA

zação de duas metáforas de poder masculino que se manifestam nos espaços das cidades e que, de alguma forma, contribuem para a perpetuação da *ideia raiz* das violências urbanas.

A carrocracia e a guerra ao pedestre

> "Toda tecnologia é a encarnação de valores, significações, e intenções sociais. [...] Por isso, questionar o automóvel implica, imediata e necessariamente, questionar a própria organização social e as necessidades e funções que lhes são próprias."
>
> NED LUDD[23]

É seguro dizer que é impossível fazer um debate honesto sobre democracia, transformação, justiça social, desigualdades e segregações socioespaciais sem considerar a mobilidade urbana como um elemento estruturante do funcionamento e das relações nas cidades. Além de essencial, é determinante analisar a fundo essa questão, sobretudo quando pensamos em uma cidade pautada pelas opressões de raça, de gênero e também de classe social.

A expressão "mobilidade urbana" passou a ser pauta dos meios de comunicação de massa, principalmente depois que foi sancionada a Política Nacional de Mobilidade Urbana (PNMU), cujo texto estabeleceu diretrizes e princípios para que os municípios planejem o desenvolvimento urbano e a melhoria de serviços e infraestruturas que garantam os deslocamentos de cidadãos e cargas nos territórios das cida-

---

[23] Ned Ludd, "Carros e remédios", 2004, p. 30.

E SE A CIDADE FOSSE DAS MULHERES?

des.[24] Essa lei fez cumprir o que previa a Constituição tanto no inciso XX do artigo 21 quanto no artigo 182.

A mobilidade urbana trata de todo e qualquer deslocamento que é feito dentro do nosso território, seja motorizado (carros, motos, caminhões, vans etc.) ou não motorizado (bicicleta, a pé etc.), público (ônibus, metrô, trem e barcas) ou privado (carros, táxis e veículos por aplicativos). Seja qual for a modalidade utilizada ou as distâncias percorridas, o fato é que nossos deslocamentos são parte fundamental da nossa cidadania e são responsáveis pelas dinâmicas e atividades que movem e sustentam as cidades.

Poucas pessoas, exceto os atores que discutem e articulam as políticas referentes à mobilidade, se dão conta do importante instrumento de controle de corpos que constitui a mobilidade urbana. E é por meio dessas políticas que se decide quem, quando, onde e como a cidade será explorada e percorrida. É a mobilidade que estrutura redutos de abandono ou de supervalorização, assim como também viabiliza e sustenta as diversas ocorrências de gentrificação e as *guetizações* que ocorrem nos territórios.

De modo abrangente, podemos destacar que os órgãos públicos e o setor privado que atuam no âmbito da mobilidade urbana possuem uma carta na manga importante para estabelecer a fragmentação do espaço físico das cidades ou, pelo menos, definir os trajetos que importam e quem pode transitar livremente. Encontramos um exemplo disso na análise de Flávio Villaça ao abordar os conceitos de "habitação" e "cidade":

---

[24] República Federativa do Brasil, Presidência da República, Lei nº 12.587, 3 jan. 2012.

SE A CIDADE FOSSE NOSSA

A disputa que se trava em torno da produção do "longe" e "perto" é mais vital do que aquela que se trava em torno do acesso à rede de água, de esgoto ou de iluminação pública. Esses melhoramentos podem ser (e tendem a ser, embora muito a longo prazo) implantados por toda a cidade. Nos países ricos, por exemplo, eles existem em todos os locais das cidades e mesmo do campo. Ao contrário, o tempo despendido em transporte nunca poderá ser equitativamente repartido por entre todos os habitantes de uma cidade. A classe dominante, então, luta para produzir o "perto" para si e o "longe" para os outros. Evidentemente o "perto" e "longe" não podem ser reduzidos a simples distâncias físicas. São produzidos através dos sistemas de transportes, através da diferente disponibilidade de veículos por entre as diferentes classes sociais (automóvel x transporte público), através da distribuição espacial das classes sociais, dos locais de emprego, das zonas comerciais e de serviços etc.[25]

Essa constatação trazida por Villaça nos leva a compreender que o sistema de transporte público e a supremacia dos carros nos espaços da cidade trabalham em conjunto para a descontinuidade da malha urbana. Consequentemente, o plano raiz da articulação política que norteia essa aliança mantém os indesejados longe dos olhos da classe dominante que ocupa o centro. Podemos afirmar, sem margem de erro, que a mobilidade urbana é um dos instrumentos

---

[25] Flávio Villaça, *O que todo cidadão precisa saber sobre habitação*, 1986, p. 39.

E SE A CIDADE FOSSE DAS MULHERES?

urbanos de exercício das opressões. Nas áreas centrais são implantadas toda a rede principal de equipamentos culturais e esportivos que detém o apelo atrativo e uma aura de valorização que convida a população periférica, mas inviabiliza seu acesso pelo apelo psicológico do conceito longe–perto.

Qual o cidadão ou cidadã que gasta em média quatro horas por dia se deslocando até o local de trabalho terá condições físicas e psicológicas para enfrentar o mesmo trajeto em busca de lazer e de infraestrutura que as áreas centrais oferecem, mesmo se tiver recursos para isso? É nessa lógica que as cidades estabelecem o que, nos Estados Unidos, chamou-se de *redlining*, ou, traduzido ao pé da letra, linha simbólica que delimita os espaços brancos e espaços não brancos nas cidades.[26]

Os limites de ir e vir nas cidades não são institucionais. São simbólicos e psicológicos, mas, sobretudo, cumprem com o que se destinam: segregar os indesejados de acordo com os marcadores de raça e classe. Nesse contexto, muitos argumentam que nas periferias surgem equipamentos com qualidade equivalentes ao que são implantados nas áreas centrais. Em alguns casos sim, mas há também casos de esvaziamento desses equipamentos, muitas vezes por falta de programação atrativa.

Quando se observa a malha urbana e a oferta de transporte público, bem como os preços constantemente em ascensão das passagens, com o mínimo esforço, se mata a charada. Onde a demanda é maior, a oferta é, sem dúvidas, menor e mais precária.

---

[26] Joice Berth, "Áreas brancas e áreas negras", *Carta Capital*, 8 abr. 2019.

Segundo dados divulgados, em 2019, pela POF – Pesquisa de Orçamentos Familiares 2017–2018 do Instituto Brasileiro de Geografia e Estatística (IBGE), cerca de 19% do orçamento das famílias é destinado ao transporte, que uma é parte do escopo da mobilidade urbana, mas que tem sido determinante nas exclusões sociais. Essa taxa orçamentária dificulta o acesso a lugares de melhor oferta de empregos, por exemplo, aos grupos minoritários. Isso não é casual, é causal e intencional.[27]

O deslocamento mais extenso de um trabalhador residente das cidades é entre a moradia e o local de trabalho. E esse deslocamento não é linear, ou seja, intercala com caminhadas até o ponto de ônibus ou às plataformas de transporte público (trem e metrô). Na periferia e nas áreas favelizadas, há ausência de mobilidade pensada para atender as necessidades e facilitar os acessos. Por exemplo, essas regiões não apresentam uma configuração que permita acesso de ônibus, quando muito, apenas vans (improvisadas ou oferecidas pelo poder público) e motos, que costumam concorrer com o transporte principal em termos de preço de passagem e trafegam pelas ruas e vielas estreitas.

O trabalhador brasileiro leva, em média, quatro horas por dia confinado dentro de um transporte público, com condições escassas de salubridade, para chegar ao seu trabalho. Como país, estamos, via de regra, negligenciando a importância de falar sobre mobilidade urbana. Mesmo sendo este assunto um dos pilares da experiência de cidadania e, portanto, da efetividade da democracia no Brasil. O desca-

---

[27] Daniel Silveira, "Peso do transporte no orçamento familiar ultrapassa o da alimentação pela primeira vez, aponta IBGE", *G1*, 4 out. 2019.

E SE A CIDADE FOSSE DAS MULHERES?

so parece funcionar como uma afirmação diante de projetos ineficientes.

Há outra questão importante que não pode passar batida. Inclusive, é um problema que alimenta esse estado geral de coisas, de negligência e desinteresse público em resolver a questão dos transportes de maneira que favoreça quem mais precisa de acesso: a carrocracia. O senso comum machista e patriarcal diz: "Mulher no volante, perigo constante." Mas as estatísticas dizem que homens são maioria entre os provocadores de acidentes, seja pelo excesso de álcool, seja pela alta velocidade (ou ambos associados), entre outros fatores. A verdade é que as mulheres também vêm aumentando exponencialmente o contingente de consumo de veículos nos últimos anos. E mesmo com todos os olhares de repreensão e deboches, manifestam um gosto por dirigir. Já temos motoristas mulheres em transportes públicos, como ônibus, aplicativos de carros e táxis.

Homens também costumam associar o ato de dirigir à liberdade (e também ao status) e isso é evidenciado com frequência pelas peças publicitárias desse segmento de consumo. No entanto, não é exatamente o mesmo sentimento de liberdade que está associado ao ato de dirigir que mais atrai mulheres. Para elas, dirigir é uma segurança. Está associado a menor percepção dos perigos de se caminhar a pé pelas cidades, já que qualquer trajeto se torna uma experiência opressora devido à possibilidade de assaltos com agressão física, estupros e assédios, violências verbais de toda espécie, entre outras manifestações da mentalidade machista que faz da experiência de mobilidade ativa (ou não motorizada) algo muito desafiador para as mulheres.

SE A CIDADE FOSSE NOSSA

Para os homens, ao longo do tempo, cada vez mais foi se distorcendo a função utilitária do carro, que se converteu em objeto de desejo, capaz de comunicar todos os símbolos de masculinidade, tais como potência, rapidez, invencibilidade, robustez, poder, domínio, controle, ou seja, o carro passou a ser uma extensão do *eu* masculino.

Não é necessário ter uma percepção extremamente aguçada para perceber as ilusões de poder que a posse de um veículo particular desperta nos homens. O trânsito tornou-se, então, o campo onde se manifestam todas as crenças de superioridade social e de supremacia de gênero que, em alguma instância, é recalcado de se manifestar no espaço de convivência social.

Quando surgiu no Brasil, nos primeiros anos do século 20, o automóvel foi apresentado como um novo invento que daria acesso direto ao progresso social, ao crescimento e ao desenvolvimento econômico. A partir da década de 1950, tal avanço se concretizou nas entusiasmadas mãos do então presidente Juscelino Kubitschek (1956–1961), que prometera fazer o Brasil crescer cinquenta anos em cinco.

De fato, houve crescimento e o país se desenvolveu, mas era uma política econômica pautada por critérios aliados das opressões de raça, gênero e classe. No que se refere ao espaço urbano, por exemplo, se espalhou, gradualmente, as ideias de urbanistas de mentalidade moderna que priorizaram a locomoção motorizada privada em detrimento do serviço público de transporte.

A partir daí, apoiadas no argumento de progresso, as cidades se tornaram cada vez mais *carrocratas*, isto é, planejadas para se comportar segundo a supremacia do carro. Isso

E SE A CIDADE FOSSE DAS MULHERES?

se refletiu na construção de sistemas viários estruturadores dos espaços físicos da sociedade. Paralelamente, os meios de comunicação de massa, principalmente por influência da publicidade, passaram a disputar sua fatia do bolo farto da indústria automobilística, se valendo de seus artifícios para tirar a atenção do sentido utilitário do automóvel e explorar possíveis carências emocionais e afetivas a serem preenchidas pela posse do carro.

Ou seja, para além da utilidade prática do carro, foi inserido na cultura popular um apelo lúdico – e não há nada mais inteligente para atiçar o desejo de consumo do que brincar com as desigualdades e as opressões já presentes no alicerce da sociedade brasileira. O carro se transformou, então, em símbolo de status, objeto de poder e superioridade.

A um só tempo, o carro satisfaz a classe social dominante, que deseja exclusividade, e a classe dominada, que tem nesse sonho de consumo um possível abatimento das frustrações.

Tangenciando as dinâmicas socioeconômicas, temos incidência das opressões de raça, pois pretos e pardos são mais pobres e, portanto, mais distantes de alcançar o sonho de serem consumidores de carros, e as opressões de gênero, uma vez que mesmo as mulheres de classe social mais alta passaram a dirigir e nunca foram o alvo prioritário da indústria automobilística.

Ainda que atualmente se tenha popularizado bastante o acesso ao carro, a ideologia supremacista não foi superada. No escopo das questões raciais, a abordagem policial de pessoas negras, especialmente, homens negros, em diversos pontos da cidade por onde transitam, é um sinal evidente de *recado colonial* que avisa que um corpo negro dentro de um veículo é um corpo fora do lugar social que a classe dominante definiu.

Do mesmo modo, mulheres à frente do volante, apesar de comprovado que não representam perigo constante para o pedestre, são um risco para o sistema machista. A autonomia da mulher, simbolizada pelo ato de dirigir, comunica uma determinada resistência subjetiva que confronta os ideais de masculinidade tóxica e autodestrutiva que o carro consolidou na imaginação coletiva.

Estudos realizados pela Secretaria de Desenvolvimento Urbano da Prefeitura de São Paulo, em março de 2020, apontam que são as mulheres, principalmente as de baixa renda, que compõem o maior contingente de pedestres, se deslocando pelas cidades para cumprir funções utilitárias ou de abastecimento de suas famílias.

> Apesar de cada vez mais estarem se locomovendo por motivos de trabalho, as mulheres ainda fazem mais viagens devido a educação, saúde e compras (48% do total de viagens) do que os homens, muito por causa das funções domésticas que ainda lhe são incumbidas, como levar os filhos à escola, acompanhar outro integrante da família ao médico e ir ao mercado. Transporte coletivo (43,5%) ou a pé (32,5%) são os meios de locomoção mais usados pelas mulheres, contrastando com os homens, que utilizam mais o transporte individual, principalmente, carros próprios. Segundo dados de pesquisa OD, o número total de viagens produzidas pelos residentes na cidade

de São Paulo em 2017 foi de 24,9 milhões. Desses, 50,6% (12,6 milhões) foram feitos por mulheres, que, por sua vez, representavam, em 2017, mais da metade (53,1%) da população paulistana.[28]

A pesquisa também aponta que mulheres periféricas são as que mais se locomovem a pé ou por transporte público. De acordo com essa pesquisa, um perfil com três elementos em comum caracteriza os deslocamentos das mulheres nas cidades: renda, grau de instrução e mães ou cuidadoras de crianças, sobretudo na primeira infância (entre 0 e 6 anos de idade).

Portanto, embora o carro seja um facilitador de nossa experiência social no espaço físico, também é portador de informações e está revestido de significados simbólicos intrínsecos à supremacia masculina ainda atuante.

Evidentemente, não foi o carro que criou a supremacia masculina e tampouco fomentou a luta de classes ou o racismo. Porém, tornou-se mais um instrumento que reproduz as opressões estruturais. Ao caracterizar o sujeito pedestre, essa *guerra*, por assim dizer, fica ainda mais evidente como um caráter que transcende o confronto entre o corpo e a máquina na ocupação dos espaços. Não há como neutralizar esse conflito desconsiderando que é consequência das hierarquias de gênero, raça e classe. Se essas opressões são essencialmente relações de poder não lineares, é preciso que se observe todos os seus espelhamentos, inclusive nos espaços físicos da cidade.

---

[28] "Estudo mostra que mulheres fazem mais viagens por meio do transporte coletivo ou a pé", *Site da Prefeitura de São Paulo*, 6 mar. 2020.

SE A CIDADE FOSSE NOSSA

No nível sociopolítico, mulheres negras, que constituem a base da pirâmide social desenhada pela hierarquia das opressões, estão em franca desvantagem, expostas a negligência absoluta dos entes institucionais e autorizadas pela cultura macho-racista a ocuparem o lugar da extrema subalternidade. Nas cidades, são as mulheres negras, pelas condições de vulnerabilidade socioeconômica que a sociedade lhe reserva, que vão introduzir na figura do pedestre contornos de uma subalternidade *essencial* que lhe é destinada. Ou seja, nos termos de Marcelo de Troi, quem cunhou o termo "carrocracia" para nomear esse viés da opressão nos espaços físicos, mulheres negras são o sujeito onipresente a sofrer esse tipo de violência.

> É um regime que produz diferenciações radicais nos sujeitos da cidade, na própria cidade enquanto sujeito, nos territórios, nos automobilistas, em nosso inconsciente e subjetividades. Enquanto regime despótico e motor fundamental do capitalismo, é a partir de violências e em detrimento de outras formas de locomoção que devemos pensar a resistência à carrocracia, vislumbrando a reinvenção da cidade, enquanto ponto de desenvolvimento, acolhimento e exercícios de subjetividades múltiplas, sem que haja territórios proibidos.[29]

A percepção de alguns atributos associados à masculinidade faz do carro uma projeção de masculinidade tóxica

---

[29] Marcelo de Troi, "Carrocracia: fluxo, desejo e diferenciação na cidade", 2017.

E SE A CIDADE FOSSE DAS MULHERES?

e (auto)destrutiva do homem. E essa ideia de que homens projetam em seus carros seus ideais de masculinidade não parece ser totalmente alheia à sabedoria popular. Em 2005, a cantora colombiana Shakira lançou o videoclipe de "Don't Bother", em que usa o carro como metáfora. Há uma cena em que, ao mutilar o veículo, seu companheiro se contorce na cama, como se sentisse os danos que estavam sendo causados no veículo em seu próprio corpo. Ao ser questionada sobre isso em uma entrevista, Shakira declarou que o carro de um homem é como uma extensão de seu ego e de sua masculinidade, e que achou que seria um vídeo que faria as mulheres se identificarem.[30]

Isso também nos leva a refletir sobre como é comum, ainda nos dias atuais, encontrar homens que comparam seus carros a mulheres. É uma atitude aparentemente inocente e que não soa ofensivo, mas nos remete à objetificação e à desumanização como uma das práticas da supremacia masculina. Comparar pessoas a objetos de posse tem um lastro histórico que precisa ser interrompido.

> Nota-se um certo padrão de comportamento masculino que toma posse do corpo feminino como parte dos seus pertences pessoais. A objetificação do corpo da mulher e a noção de virilidade masculina são continuamente reforçadas por meio de atitudes que permitam publicamente entrever a capacidade superior do homem do ponto de vista produtivo, sexual e social. Esse é o fundamento das relações entre gê-

---

[30] Jon Pareles, "The Shakira Dialectic", 13 nov. 2005.

neros que faz parte do modelo histórico da ideologia patriarcal que estruturava as relações conjugais e familiares em Portugal desde pelo menos o século 16.[31]

Evidentemente, nem sempre essa atitude é consciente e muitas vezes pode ser vista como elogiosa, mas, ainda que possamos considerar esses argumentos, precisamos lembrar que, em nossa sociedade, a naturalização de crenças, reflexões e entendimentos equivocados é mais séria do que parece.

Inclusive, podemos partir dessa reflexão para pensar no quanto a carrocracia e outras precarizações estimulam a violência urbana. Podemos pensar no quanto a mobilidade urbana é um facilitador que promove as exclusões e as segregações nos espaços físicos da sociedade, agindo de maneira prática e simbólica, e reforçando a ideia de hierarquia socioeconômica, de supremacia branca e masculina, e outras opressões que caminham nessa esteira.

A carrocracia torna as cidades mais violentas à medida que estabelece uma dinâmica de dominação do espaço que prioriza o carro em detrimento das necessidades e limitações do pedestre voluntário ou compulsório. Podemos concluir que a presença dos carros pressiona a implantação de sistemas viários que facilitam o trajeto dessa opção de mobilidade e, uma vez que as necessidades do pedestre não são vistas como prioridade, a locomoção de mulheres, crianças, idosos e deficientes físicos é cerceada.

---

[31] Ana Carolina Eiras Coelho Soares, "Cartas para a Comissão da Condição Feminina", 2015, p. 131.

E SE A CIDADE FOSSE DAS MULHERES?

Sem um sistema viário que incorpore todas as formas possíveis de locomoção em convivência harmônica, com prioridade de implantação de vias que servem exclusivamente para pessoas, vemos escancaradamente uma violência institucional que mutila cidadanias de forma naturalizada e despercebida pela sociedade como um todo. Um planejamento urbano que não parte da necessidade de grupos desprivilegiados está dizendo, de maneira simbólica, que nem todos são importantes e que nem todos merecem ser contemplados com os benefícios de uma cidade equilibrada. Nesse sentido, precisamos começar a pensar na contribuição institucional como parte do problema da violência.

É um erro desconsiderar o potencial pedagógico que as cidades comportam em seu desenho, sua morfologia, sua distribuição espacial e nas dinâmicas que se desenvolvem a partir desses tópicos. Como já foi dito, a violência é uma linguagem que comunica o pensamento social ao mesmo tempo que perpetua sua lógica excludente. Vimos que a violência doméstica acontece em parceria constante com as violências institucionais. São violências que se retroalimentam de forma contínua, compondo o que bell hooks chama de "ciclo de violência".

> Mulheres e homens negros sempre chamaram a atenção ao "ciclo da violência" que começa com o abuso psicológico no mundo público que trabalhadores homens podem ser submetidos ao controle por um chefe ou figura de autoridade de um modo humilhante e degradante. Como depende do trabalho para a sobrevivência material, ele não faz greve nem se opõe

SE A CIDADE FOSSE NOSSA

> ao empregador, já que este o puniria retirando dele
> o emprego ou enviando-o para a cadeia. Ele reprime
> essa violência, aliviando-se naquilo que chamo de con-
> trole da situação, uma situação em que ele não neces-
> sita temer retaliações, em que não necessita sofrer as
> consequências de sua ação violenta. A casa geralmen-
> te é o lugar que propicia essa situação de controle e o
> alvo desses abusos costuma ser a mulher. [...] Como
> a psicologia da masculinidade nas sociedades sexistas
> ensina os homens que admitir e expressar a dor é uma
> negação da masculinidade, uma castração simbólica,
> provocar dor em vez de expressá-la restaura seu senso
> de completude, de inteireza, de masculinidade.[32]

Partindo dessa percepção, relatada por homens e mulheres negros norte-americanos, vemos como o mundo público alimenta a violência e como, consequentemente, envolve a segurança da impunidade que o lar representa. Principalmente quando colocamos em pauta os inúmeros elementos patriarcais que estão presentes nas relações familiares. Esse conjunto de fatores desloca a representação pública, influente no espaço urbano, para também funcionar como vetor de agressão nos ciclos de violência doméstica.

Nesse sentido, a luta de classes representada pelo carro se insere em contexto similar, também representa uma relação com o espaço público, ao circular pela cidade, e privado, por também conferir intimidade no interior do veículo. O carro transfere status social que delimita hierarquias, o cer-

---

[32] bell hooks, *Teoria feminista*, 2019, p. 181.

E SE A CIDADE FOSSE DAS MULHERES?

ceamento do ir e vir nas cidades (que não é institucional, mas está presente), a insegurança habitacional, os símbolos de opressão naturalizados, entre outros elementos. Tem o mesmo potencial perturbador que reforça as distopias do comportamento masculino pautadas pelo sistema de supremacia criado e alimentado pelos homens.

Evidentemente que esse raciocínio não quer retirar a responsabilidade e, tampouco, deslocar a agência desses homens sobre si mesmos, os colocando como vítimas passivas da violência doméstica. Torna-se imperativo, contudo, que a conscientização de homens agressores e abusivos passe pela percepção de que o meio urbano faz parte da esfera pública que forma o ciclo de violência. Homens agressores devem ser responsabilizados e ressocializados, invariavelmente. Não é uma questão de escolha.

Mas nesse processo de responsabilização, conscientização e ressocialização, a influência do território na estabilidade mental e na consolidação dos ideais equivocados da supremacia masculina deve ser considerada, uma vez que a questão da violência, embora seja destrinchada em várias expressões, é única. A mesma mentalidade que leva policiais a agredirem pessoas negras crê em uma merecida impunidade diante de um caso de agressão de mulheres. É a permissividade que está por trás de atos violentos de qualquer natureza. Essa permissividade é mais forte quanto maior for o nível de desumanização sofrida pelo outro inferiorizado. São entremeios das relações de poder que ultrapassam a ideia de controle de corpos.

Se não temos uma cidade humanizada, a humanidade das pessoas que a utilizam também estará adormecida. E esse es-

SE A CIDADE FOSSE NOSSA

tado permanente de desumanização, habitual na sociedade brasileira, se materializa no espaço físico que dividimos. As construções robóticas, frias, os símbolos de pseudoproteção como grades e muros com lanças e arames eletrificados, a velocidade dos veículos, a escassez de espaços verdes disponíveis, os decibéis ensurdecedores, a sensação de desamparo que a cidade produz e tudo mais que perturba o equilíbrio mental passa a ter outra conotação quando pensamos se é realista afirmar que o meio urbano consubstancia a violência doméstica.

No Quênia, país do continente africano onde há uma das maiores taxas de violência doméstica (ou violência baseada em gênero praticada por parceiro íntimo), um estudo realizado para apurar as causas de taxas tão altas constatou que um dos fatores estimuladores desse tipo de violência, que acomete majoritariamente mulheres, são questões psicossociais, tais como desemprego, ociosidade, falta de recursos financeiros, tensões vividas na esfera social etc.[33] O sistema patriarcal ensina aos homens que eles são infalíveis e os proíbe de errar. Isso torna os problemas sociais, como a incapacidade de sustentar um lar ou mesmo lidar com as necessidades afetivas de suas companheiras, um fardo que demandará uso de álcool e substâncias químicas em alguns, e a violência doméstica compensatória em outros. Ou ambas as coisas. Quanto mais desumanos os homens se sentem em um sistema onde supostamente devem ser dominantes

---

[33] A. Schafer e P. Koyiet, "Exploring links between common mental health problems, alcohol/substance use and perpetration of intimate partner violence", 2018.

E SE A CIDADE FOSSE DAS MULHERES?

em todos os sentidos, mais cruéis e agressivos eles serão com suas parceiras.

Na outra ponta do problema, a agressividade dos espaços das cidades recai sobre as mulheres de maneira tão incisiva que muitas sentem que merecem a violência que sofrem, inclusive no ambiente doméstico. As cidades obedecem, em seu espaço físico, às considerações do meio social que reforça a inferioridade das mulheres. Se um carro representa status e superioridade, tendo em vista que a cidade está configurada para tal, inclusive na divisão espacial, mulheres (principalmente as que não tem outra opção de deslocamento) estão sempre às voltas com a mensagem de que elas é que são inadequadas para a cidade, e não o contrário.

O espaço das cidades também reforça a ideia de dependência feminina, pois a maioria expressiva de condutores de veículos ainda é masculina e isso, somado à hostilidade que mulheres que possuem carros sofrem no trânsito, deixa uma mensagem subentendida de que a cidade não é espaço para uso e permanência das mulheres.

A cidade que privilegia carros em detrimento de pedestres reproduz a hierarquia social de raça e de gênero, e coloca em seu espaço um conflito ativo, uma tensão silenciosa, entre a corporeidade humana, marcada socialmente pelo status de subalternidade, e a máquina como símbolo de validação masculina e dominação econômica. Ou seja, a cidade não cumpre uma função importante no trabalho de empoderamento das mulheres: estimular psicologicamente uma visão positiva de si mesma que contraponha o discurso de inferioridade e desumanização que dá corpo às relações de poder criadas pelo sistema patriarcal.

SE A CIDADE FOSSE NOSSA

Parece impossível que um simples espaço físico possa suscitar todos esses elementos e contribuir para a transformação de comportamentos nocivos que se formam no meio social. Mas não é. Um urbanismo que coloca essas questões como ponto de partida dá aos arquitetos, urbanistas e planejadores o estímulo criativo necessário para conciliar todas essas questões.

Repito a pergunta já feita na abertura deste capítulo: quantas vezes alteramos nosso trajeto, evitando uma rua que seria mais rápida, por sentir que não há segurança, seja pela iluminação inadequada, seja pela pouca circulação de pessoas? Esse cerceamento de nossas escolhas não seria uma violência naturalizada?

Outra questão que tangencia esse debate se refere à oferta de transporte público, que é sempre precária para incentivar silenciosamente a aquisição de carros. O ônus que isso gera para a população de baixa renda é gigantesco. Especialmente porque dificulta muito a vida de mulheres pretas e periféricas. Na maioria das vezes, essas mulheres precisam fazer um deslocamento mais extenso, saindo de suas moradias rumo a creches para depois seguirem para o trabalho. Isso quando não precisam fazer outras paradas nesse trajeto para supermercado, posto de saúde, feira livre ou outros serviços sociais. É importante destacar a pesquisa de Glaucia Pereira sobre posse de automóveis por raça, que informa que não ter carro é uma condição comum para famílias negras.

No geral, 54% dos domicílios no Brasil não possuem automóveis, e 37% possuem um veículo deste tipo [motocicleta]. Em relação à raça, 70% dos domicílios

E SE A CIDADE FOSSE DAS MULHERES?

formados por somente negros não possuem nenhum automóvel. Por outro lado, 38% dos domicílios formados por somente brancos não possuem nenhum automóvel, e 46% possuem um automóvel. Isto significa que em domicílios formados por somente negros a situação mais comum é não ter automóvel, enquanto em domicílios formados por somente brancos a situação mais comum é possuir um automóvel.[34]

Poderíamos pensar também na questão da centralidade da infraestrutura de serviços como principal fator de necessidade de transporte público para quase a totalidade do contingente de trabalhadores e trabalhadoras nas cidades. Situação que, em segundo plano, dificulta o acesso aos melhores aparelhos culturais e esportivos, já que contam com mais investimento.

Ou seja, soma-se a ideia de centralidade como uma reprodução da lógica colonial nos espaços físicos, nas cidades (casa-grande–senzala x centro–periferia), que é em si uma violência, ao ônus dessa configuração espacial, que é a necessidade de grandes deslocamentos e, consequentemente, a necessidade de transporte motorizado. Temos, então, elementos técnicos para entender nosso planejamento urbano, também no que se refere à mobilidade, como um redlining que atua na manutenção da fragmentação das cidades pelo impedimento da locomoção dos corpos indesejados que não estão na função de servidores. Uma cidade que não permite

---

[34] Glaucia Pereira, "Posse de veículos por raça no Brasil", 2021, p. 5.

SE A CIDADE FOSSE NOSSA

e não facilita o deslocamento democrático e irrestrito de todo e qualquer sujeito que compõe seu contingente populacional não é nossa. E essa é uma das discussões mais importantes e urgentes sobre urbanismo, pois é a mobilidade que estrutura todas as localizações, todos os acessos e todas as questões que se desenvolvem nas cidades. Nesse sentido, o automóvel se afirma novamente como uma expressão das supremacias branca, patriarcal e capitalista nas cidades, cujas mulheres negras e pobres são, definitivamente, as mais vitimadas.

Enfim, são muitas questões que ainda podem ser levantadas no bojo dessa questão da primazia dos carros como metáfora da supremacia masculina nas cidades. Precisamos assumir a responsabilidade de pleitear resoluções. O fato é que a mobilidade urbana é um elemento estrutural da dinâmica das cidades, pois precisamos de moradia digna, trabalho e renda, educação e cultura, saúde etc., mas como acessamos esses serviços na prática? Como nos deslocamos diariamente pela cidade para atender as mais variadas demandas e necessidades pessoais e coletivas?

Por todo o exposto anteriormente, cabe a pergunta: se a cidade fosse das mulheres, a *carrocracia* seria elemento antagônico que atua em polo oposto à condição do pedestre?

Se a cidade fosse das mulheres, essas especificidades nas políticas ordenadoras seriam previstas. E seria provido todo tipo de ferramenta possível para atender às necessidades criadas pelas opressões e, além do mais, o espaço urbano seria pensado por e para todos, em uma articulação entre a participação popular quase irrestrita e o diagnóstico honesto das intersecções que existem na categoria mulher. Esse planejamento atravessaria desde a concepção à implementação

E SE A CIDADE FOSSE DAS MULHERES?

do espaço urbano, para que mulheres pudessem transitar pelas cidades como um direito, e não um privilégio. O tipo de regalia social dado exclusivamente a homens, brancos, heterossexuais e de classe socioeconômica acima da média.

No decorrer da história, apenas estes últimos entes sociais citados têm usufruído plenamente dos espaços, apesar das violências que também recaem sobre eles e definem vidas enquanto mantêm cidadanias constantemente mutiladas para garantir o ambiente supremacista do qual dispõem.

Falocentrismo: a projeção inconsciente do poder masculino nas cidades

> "O espaço político não se estabelece somente por atos (a violência material engendrando uma paz, uma legalidade, uma legislação). A gênese de um tal espaço implica uma prática, imagens, símbolos, a construção de edifícios, de cidades, de relações sociais localizadas."[35]
>
> HENRI LEFEBVRE

Parece um tanto estranho e desmedido dizer que nossas cidades são *fálicas*, não é mesmo? Mas temos evidências importantes, para além do fato de que a arquitetura e urbanismo se valem também de símbolos que comunicam ideias, de que esta questão merece ser mais levada a sério, sobretu-

---

[35] Henri Lefebvre, *La production de l'espace*, 2000. [*A produção do espaço*, 2006, p. 335.]

do em contextos onde a violência contra a mulher e a luta de classes também se manifestam no espaço físico. Para isso, entre outras abordagens psicanalíticas que nos levam a pensar no falo como elemento a ser entendido, vamos nos ater às antigas civilizações greco-romanas, que deixaram mitologias emblemáticas usadas largamente pela seara de estudo da subjetividade que nos constitui e se manifesta de maneira mais recorrente do que julgamos. Na psicanálise, principalmente freudiana, a mitologia greco-romana é acessada para a compreensão dos fenômenos psíquicos, como o Complexo de Édipo ou o Narcisismo, por exemplo.

Para entendermos a abordagem que se aplica à cidade e sua configuração construtiva, vamos passar resumidamente pela história de Priapo, um deus que surgiu na Ásia e que, posteriormente, foi cultuado na Grécia e em Roma. Esse deus, capaz de trazer a fertilidade a seus cultuadores, era representado pela figura de um homem maduro que possuía um pênis muito grande e ininterruptamente ereto. Segundo a mitologia grega, a bela Afrodite, deusa do amor, da beleza e da sedução, era casada com Hefesto, deus do ferro e dos metais. Muito amante do prazer e da diversão, Afrodite também se envolveu com Dionísio, relacionamento que resultou em um de seus muitos filhos, Priapo, que nasceu desprovido de qualquer beleza física. Além disso, Priapo possuía um pênis de tamanho descomunal que se mantinha permanentemente ereto, como resultado de uma maldição lançada por Hera quando Afrodite ainda estava grávida, em resposta ao suborno que a deusa do amor pagou à Paris para indicá-la como a mais bela em um concurso de beleza disputado entre Hera, Atena e Afrodite.

E SE A CIDADE FOSSE DAS MULHERES?

Após seu nascimento, Priapo foi recusado pelos deuses, expulso do Olimpo, jogado na terra, abandonado e sozinho. Então, foi encontrado pelos sátiros, divindades menores da natureza que vagavam pelas montanhas e bosques da Grécia, acompanhando Pan (semideus protetor dos pastores) e Dionísio (deus do vinho, da festa, do teatro, dos ritos religiosos e do êxtase). Priapo juntou-se a Pan e a outros sátiros, passando a ser cultuado como o deus da fertilidade, dos jardins, das plantas frutíferas e do crescimento, embora ele se mantivesse eternamente amaldiçoado.

No período entre a Antiguidade greco-romana até a Idade Média, o culto a Priapo transcendeu os limites de uma simples adoração ao pênis como símbolo de fertilidade e passou a ser considerado, pelos camponeses gregos, uma divindade que guardava os pastos de cabras e ovelhas, e cuidava dos enxames. Depois, passou a ser considerado como um deus da boa sorte que tinha o poder de afastar o mau-olhado. Sua imagem passou a ser utilizada para adornar e proteger jardins e casas populares, onde lhe ofereciam frutas, legumes, peixes e flores.

As estatuetas de Priapo se tornaram populares na Grécia e em Roma, inclusive adornando o interior e o exterior de edifícios institucionais. Ele foi representado de várias maneiras, geralmente como uma figura de gnomo com um enorme pênis ereto. Além disso, Priapo também era o deus protetor de pescadores e marinheiros. Sua figura servia como demarcação de áreas consideradas perigosas em mapas de navegação. Em muitas culturas, o pênis ereto também está associado à posse e à demarcação territorial, além da presença, em quase todos os aspectos da vida, como símbolo que representa a conquista e a materialização da abundância.

SE A CIDADE FOSSE NOSSA

Quando os romanos conquistaram os territórios dos gregos, eles adotaram seus deuses, que foram rebatizados. Desse modo, Priapo se transformou no deus Fascinium, mantendo as mesmas qualidades, como afastar e combater o mau-olhado e ser considerado símbolo da coragem e da conquista, além de passar a ser associado à fertilidade feminina.

Na teoria psicanalítica freudiana, o falo é interpretado como a representação do pênis e, portanto, exclusivamente da ordem anatômica do sexo masculino. A partir daí, Freud desenvolve a ideia da inveja do pênis que seria a resposta da menina/mulher à percepção da ausência do pênis em sua anatomia, no bojo da teoria freudiana da diferenciação sexual que se dá já na infância e reafirma que a ausência do pênis é sentida pela criança do sexo feminino como uma castração.[36] Quando Melanie Klein publicou um estudo sobre a inveja, contrapôs a ideia freudiana afirmando que a inveja é um sentimento destrutivo e essencialmente humano, que começa já na relação do bebê com o seio materno e, portanto, não tem gênero ou sexo e tampouco está relacionado com alguma percepção de ausência de algo que não seja exclusivamente da ordem subjetiva e comportamental.[37] A inveja funciona a partir da percepção de algo que o outro tem e que não se pode acessar porque é da ordem do subjetivo ou do *self*. Cabe ressaltar que confunde-se facilmente a cobiça (que se dá mais precisamente no âmbito material) com esse sentimento. A inveja não é, portanto, uma questão exclusiva da mulher.

---

[36] Sigmund Freud, "Conferência XXXIII feminilidade", in: Sigmund Freud, *Novas conferências introdutórias sobre psicanálise: Feminilidade 1933/1976*, 1996, p. 75.
[37] Melanie Klein, *Inveja e gratidão e outros trabalhos (1946–1963)*, 1991.

E SE A CIDADE FOSSE DAS MULHERES?

Mas é nos estudos do psicanalista francês Jacques Lacan que o falo se consolidou como uma metáfora do poder, e é a partir daqui que começamos a refletir sobre a raiz da supremacia masculina, que não pode ser entendida apenas como sociopolítica e, sim, como tangencial a todas as funções e relações que os homens exercem.[38] Uma vez que o falo é uma ideia ou uma metáfora que se sustenta por uma condição temporária, a ereção, ele não existe permanentemente. Portanto, impera-se uma condição que se caracteriza por uma angústia inconsciente que motiva a busca, quando em falta (não ereto), e que, por isso, precisa ser alcançada.

> Um ponto que merece destaque nesta discussão é poder situar que, para além da centralidade do falo, é justamente o conceito de castração, sua negatividade, que tem maior importância dentro da psicanálise, pois se trata de levar em conta como o sujeito responde a falta. Castração não é mutilação, mas perda de gozo ao entrar na linguagem, portanto, se aplica a homens e mulheres. O homem não tem o falo, ninguém tem. Ele se faz escravo do semblante fálico para garantir alguma consistência. Lacan apontou, inclusive, a impostura masculina que é fazer semblante de ter o falo.[39]

Toda essa leitura centrada no pênis ou no falo, seja como parte da anatomia, seja como a metáfora dada pela sua con-

---

[38] Jacques Lacan, *O seminário*, livro 5, 1999.
[39] Flavia Gaze Bomfim, "O conceito de falo na psicanálise... ainda?", 2022, p. 144.

SE A CIDADE FOSSE NOSSA

dição de significante, que se constitui mediante as considerações históricas e mitológicas, sobretudo greco-romanas (Priapo), foi definida pelo conceito de falocentrismo, que foi cunhado pelo psiquiatra e psicanalista britânico Ernest Jones, e que tem como ponto de partida sua oposição aos estudos de Freud e de Lacan, já que, para ele, ambos estavam constituindo a primazia do falo em suas obras e estudos, ou seja, colocando o falo como questão central. Jones, ainda que freudiano, compôs um grupo do qual muitas psicanalistas feministas, como Melanie Klein e Karen Horney, por exemplo, fizeram parte. Esse grupo rompeu com a ideia de primazia do falo.

Isto posto, ainda que de maneira genérica, pois, é um longo estudo e permeado por divergências e contradições, temos que situar outras abordagens que também discutiram o *falo*, como a antropologia e a interpretação da linguagem. Jacques Derrida, filósofo da desconstrução, cunhou o conceito de falogocentrismo[40] justamente para contrapor duplamente as teorias de Lacan que não apenas tem o falo como centro (falocentrismo) como também tem a racionalidade da palavra e na palavra falada como ponto de partida para todas as coisas (logocentrismo). Todas as coisas mesmo, inclusive para consubstanciar a presença e a identidade de sujeitos (*só sou ou estou quando falo que sou*). Esse contraponto de Derrida abre caminho para a crítica de feministas como Hélène Cixous e Judith Butler, por exemplo, que reconhecem a dominação masculina, a partir da aceitação do falo como o único ponto de referência, o único modo de validação que

---

[40] Jacques Derrida, "Le facteur de la verité", 1975.

E SE A CIDADE FOSSE DAS MULHERES?

se consolida na sociedade patriarcal.[41] O *falogocentrismo* é a marca da supremacia masculina e patriarcal que situa a mulher hierarquicamente, sempre gravitando em torno do homem. A sociedade é falogocêntrica porque se organiza internamente à volta de todos os sinais e marcas do masculino, quer no que diz respeito à linguagem, quer em relação à sintaxe, à gramática e às próprias regras da lógica discursiva, mas também é fálica porque atende a um inconsciente coletivo moldado pelo entendimento subjetivo do falo como elemento de poder, em alusão a nossa ancestralidade greco-romana presente no mito de Priapo, por exemplo. Nesse sentido, apesar do embate ideológico entre a visão psicanalítica e filosófica que *ganha* com a elucidação essencial de Derrida, podemos dizer que Freud e, mais precisamente Lacan, equívocos à parte, são intérpretes empíricos da realidade que já existia, que se consolidou ao longo da história e que, diga-se de passagem, ainda estaria oculta não fosse o desenvolvimento da crítica feminista.

Arregimentar todas essas referências se faz necessário para entrarmos em um dos pontos principais de *Se a cidade fosse nossa*. O que interessa para a nossa reflexão sobre as cidades e o pensamento falocêntrico é entender que, primeiro, a cidade se expressa por símbolos que comunicam as ideias, tanto conscientes quanto inconscientes, de quem projeta seus espaços e edificações. As questões sexuais e de linguagem foram condensadas no pensamento de Jacques Derrida quando ele nos oferece um segundo conceito: o falogocentrismo, o que pode ser expresso, em resumo, como a

---

[41] Cf. Hélène Cixous, "Sorties", in: Hélène Cixous e Catherine Clément, *La jeune née*, 1975; e Judith Butler, *Gender Trouble*, 1990.

SE A CIDADE FOSSE NOSSA

articulação entre a prática falocêntrica e logocêntrica aliadas e atuantes simultaneamente.

Aqui, desenvolvemos o raciocínio de como o falo, em ação como metáfora de poder, é representado na compreensão da simbologia da masculinidade no espaço urbano. O logocentrismo nos dá uma dimensão do porquê. Por exemplo, quando estamos debatendo questões importantes do urbanismo na atualidade, para além da naturalização das violências simbólicas presentes no espaço físico das cidades, observa-se uma espécie de negacionismo que se expressa pelo deboche, com intenções de silenciar o diálogo (palavra/logos), não apenas por parte dos profissionais de arquitetura e urbanismo, mas também pelos atores que articulam o espaço físico que a coletividade compartilha.

Isso desconsidera que as cidades são mais que falocêntricas, são também logocêntricas, uma vez que as opressões são captadas silenciosamente pela percepção dos símbolos e discursos impressos nela, atuando no inconsciente coletivo e individual e perpetuando essas ideias supremacistas, excludentes e segregacionistas que estão sendo propagadas ao longo da nossa história. Essas opressões são emitidas no nível da organização social do espaço físico. Ou seja, uma vez inconscientes, são desconhecidas, mas nem por isso são anuladas ou neutralizadas, longe disso, os conteúdos inconscientes reprimidos são incontroláveis na sua maneira de se manifestar. O que significa que nem todos os símbolos e discursos presentes nas cidades são intencionais ou planejados para serem o que são.

Cidades são processos bastante inconscientes. Existem tantos interesses conflitantes, estéticos, interesses locais e econômicos, cada elemento influenciando o outro. Uma cidade é mais o aparente caos da mente inconsciente. De fato, isto carrega uma similaridade notável com qualquer self comum, pois possui interesses biológicos, sexuais, históricos, espirituais, vocacionais, familiares e econômicos, todos entrelaçados, de alguma forma, num movimento que faz nascer um tipo de visão organizacional ou uma mentalidade. Os psicanalistas, ao trabalharem com uma pessoa por um determinado tempo, acabam tendo acesso a uma cultura muito particular. Podemos comparar quando nos mudamos para uma nova cidade e começamos a conhecer suas excentricidades: suas preferências estéticas, suas aversões, seus obstáculos superados, suas terras inóspitas, seus interesses compartilhados e seus antigos conflitos.[42]

A filosofia falogocêntrica ocidental caracteriza uma suposta subordinação do feminino ao masculino, tendo como base a superioridade do falo e da palavra falada como única viabilidade para a linguagem inerente às masculinidades. Partimos daqui para entender a questão do silenciamento, não somente das mulheres, mas de todos os grupos minoritários que usam outros padrões de linguagem como comunicadores e, podemos até nos aprofundar, nas linguagens simbólicas empregadas por homens nos espaços das cidades.

---

[42] Christopher Bollas, "A arquitetura e o inconsciente", 2000, p. 29.

Torre Agbar, Barcelona, Espanha.
© oscar garces / shutterstock.com.

E SE A CIDADE FOSSE DAS MULHERES?

Se retomarmos a mitologia que construiu o deus Priapo, temos no falo uma afirmação inconsciente do poder masculino, algo que não tem exatamente uma carga positiva, sobretudo ao lembrarmos que o deus grego está sob efeito de uma maldição. Seria Priapo também um arquétipo da soberba masculina? Na mitologia dessa deidade, não parece que a relação do homem com o falo seja tão engrandecedora, até porque o falo só é falo quando está ereto. Quando na sua forma natural, ou seja, sem estímulo físico ou mental, o pênis adquire uma forma relaxada que não é *falo*. Ao que parece, Priapo nos ajuda a entender por que manter-se sempre ereto é a verdadeira maldição que atua no inconsciente coletivo das masculinidades pautadas pela supremacia patriarcal. Não por acaso aparece na fixação pela posse de armas e até no discurso do ex-presidente da República que declarou abertamente – e em tom de orgulho – que seria "imbrochável", ou seja, seria o Priapo a frente de uma nação.[43]

Dessa dicotomia, descende a fixação do homem com o pênis, bem como todas as violências que podem ser entendidas como manifestações da frustração masculina diante da (imaginária e inconsciente) perda do poder do falo em períodos em que o estímulo sexual ou a libido propriamente dita não está presente.

Não é somente nos espaços das cidades que podemos observar uma projeção do falo em muitos momentos. Se voltarmos em um passado distante, o antiquarianismo[44] do século 18, cujo maior expoente foi o estudioso britânico

---

[43] Ricardo Senra, "Imbrochável? 'Discurso hipersexualizado de Bolsonaro é típico da masculinidade frágil', diz psicanalista", *BBC News Brasil*, 7 set. 2022.

[44] Pesquisa antiquária, envolve estudo de objetos, obras e peças da Antiguidade.

SE A CIDADE FOSSE NOSSA

Richard Payne Knight, e as ciências sexuais que, no final do século 20, tinha no cientista Magnus Hirschfeld uma das referências mais expressivas, conseguimos angariar mais referências para nossa discussão.

Segundo a obra desses dois pesquisadores, o culto e a representação do falo por meio de objetos e outras expressões visuais eram formas de oposição ao desenvolvimento de uma cultura ocidental sexualmente restritiva, fortemente influenciada pelo cristianismo, que passou a ter um papel fundamental no controle dos corpos como instrumento político. Tanto Knight quanto Hirschfeld concluem que a adoração ao falo é o reconhecimento da importância dada à sexualidade e ao ato sexual, que eram naturalizados e até sacralizados na Antiguidade.

A influência da moral cristã, punitivista e repressora, controladora da livre expressão da sexualidade, impõe a culpa como fator de constante conflito interior, o que nos leva a pensar que a manifestação fálica nos espaços das cidades, para além da metáfora de poder perseguida pela masculinidade e suas crenças supremacistas inconscientes, também pode ser entendida como um escape das proibições e culpas internalizadas, em detrimento de uma memória ancestral que deseja a livre expressão sexual que foi possível em algum momento da história da humanidade.

O fato é que temos encruados na nossa cultura resquícios inconscientes da adoração de Priapo que emergem em diversos espaços das cidades, sobretudo como marcadores do cerceamento, de reafirmação do pátrio poder e da masculinidade supremacista. São obeliscos, estátuas, monumentos eretos e pontiagudos em pontos estratégicos, são as longas ruas e avenidas que compõem um sistema viário cujos

E SE A CIDADE FOSSE DAS MULHERES?

desenhos parecem formar uma sobreposição que insinua, simbolicamente, a luta primitiva pelo monopólio do espaço, são prédios cada vez mais altos e arranha-céus ou a verticalização que envolta em um discurso, aparentemente legítimo, de otimização do espaço, camuflam que em verdade são símbolos do poder socioeconômico, que silenciosamente imprimem nas cidades o discurso imperativo e sufocante.

Convido as leitoras e os leitores a pensar melhor sobre o que significa caminhar por uma avenida Paulista ou outros centros econômicos ao redor do mundo. Todos esses lugares fascinam (de *fascinium*, nome romano de Priapo, como vimos anteriormente) e, ao mesmo tempo, intimidam. São rodeados de edifícios altíssimos, que, com frequência, têm no topo algum símbolo pontiagudo – o Edifício Banespa e o Edifício Itália, na capital paulistana; e a Tour Geneve, em João Pessoa, são bons exemplos disso. Assim como os prédios Infinity Coast e Epic Tower, ambos de Balneário Camboriú, em Santa Catarina.

Devemos visualizar esses edifícios de maneira crítica nos perguntando: que tipo de relação social essas construções comunicam? Não por acaso, quanto mais altas (eretas) são essas edificações, mais se faz alusão a algo inalcançável para a maioria das pessoas. Esses edifícios são verdadeiros monumentos que evidenciam a estrutura social que define a desigualdade causada pelo poder econômico. Quer dizer, grande parte dos edifícios, especialmente os comerciais, são reproduções da famigerada pirâmide social, onde os serviços se distribuem em direção à base, de acordo com a hierarquia que representam. No topo, está o poder organizador, o mais isolado possível, acompanhando a lógica do tamanho de cada poder.

Edifício Altino Arantes (também conhecido como Edifício Banespa ou Banespão), em São Paulo/SP, Brasil.
© Luisrfte / Shutterstock.com.

Arranha-céus em Balneário Camboriú/SC, Brasil.
© lucasiancreio.com / Shutterstock.com.

Edifício Itália, em São Paulo/SP, Brasil.
© Dado Photos / Shutterstock.com.

Isso também pode ser compreendido como expressão falocêntrica materializada na planta de edifícios, tanto residenciais quanto comerciais: o poder está sempre em cima. É no topo dos condomínios comerciais que está localizada a presidência, e é na cobertura que temos os apartamentos mais espaçosos e de metro quadrado mais valorizados.

A despeito das inúmeras razões práticas que podem ser levantadas para justificar essa configuração espacial, é preciso lembrar que a arquitetura se comunica por símbolos e a *palavra arquitetônica* (*logos arquitetônico*) é a forma em si. Daí, podemos concluir, através dos exemplos e dos argumentos que apresento aqui, que a expressão física da supremacia branca, masculina e eurocêntrica da arquitetura é *falogocêntrica*, ou seja, impõe simbolicamente a metáfora contida no falo enquanto onipresença masculina e poder socioeconômico através da palavra expressa pelas formas erigidas.

A arquitetura jamais será neutra e livre de ideologia, ao contrário, é altamente discursiva e comunicadora de valores sociais e políticos de uma época. Por mais inusitada ou até hilária que possa parecer a associação do culto fálico com a recorrente verticalização dos prédios, a arquitetura deve ser observada, considerada e questionada como componente físico dos sistemas de dominação e opressão atuantes na sociedade.

> Os arranha-céus são esse objeto-anúncio de masculinidade genérico que se desvincula de qualquer sentido do espaço específico para vê-los surgir em qualquer lugar do mundo, mais especialmente nas cidades norte-americanas ou nas grandes metrópoles

E SE A CIDADE FOSSE DAS MULHERES?

do Sudoeste Asiático ou da América Latina. Mesmo que seja em cidades como Xangai, Hong Kong, Xezen e Guangzhou, em que se verificou um crescimento extraordinário nas duas últimas décadas, mostrando-se como o elemento fundamental da transformação do tecido urbano na Ásia.[45]

Observo mais uma vez que até mesmo a própria distribuição interna dos edifícios nos remete simbolicamente às relações de poder que caracterizam nossa sociedade. No térreo ou no nível público, há controle de quem pode ou não entrar e, no topo, o lugar menos acessado para os transeuntes desses espaços. Sem falar da divisão entre quem presta serviços e quem mora ou desfruta, em que a segregação já se dá pela própria separação dos elevadores (acessos) em social e de "serviço", naturalizando que quem acessa o segundo não faz parte do social.

Importante destacar aqui que esses apontamentos não pretendem demonizar a verticalização das cidades, uma vez que esse recurso é uma forma de multiplicar o solo urbano e se faz necessário diante da alta demanda por habitação e salas comerciais. Mas é importante pensar como esse processo de verticalização, que não vai recuar, pode ser mais saudável do que tem sido até esse momento na história das cidades.

É preciso compreender o problema que reforça discursos obsoletos para, a partir de então, pensar as ações pedagógicas que possam erradicar as diversas violências que um sistema sociopolítico desigual produz. Nesse contexto, vol-

---

[45] José Miguel G. Cortés, *Políticas do espaço*, 2008, p. 152.

SE A CIDADE FOSSE NOSSA

to a citar Rita Segato, para pensar a pedagogia da crueldade aplicada às cidades e a absorção dos símbolos que comunicam ideias desumanizadoras, pois, de acordo com Segato, essa pedagogia banaliza a dor alheia, arrefece a empatia e impossibilita a permanência dos vínculos afetivos, tanto dos indivíduos com a cidade quanto entre si mesmos.

Não temos como implodir uma cidade inteira para reconstruí-la eliminando esses símbolos. Isso também seria uma afirmação de autoridade, uma manifestação falocêntrica e supremacista, pois as masculinidades patriarcais estão voltadas para soluções em que o uso da força física sempre sobrepõe a inteligência e a criatividade. Mas podemos nos conscientizar acerca das ideias que estão por trás desses elementos, a fim de ressignificá-las ou neutralizá-las por discussões e elaborações coletivas.

O fato é que tanto os resquícios de culto ao falo quanto o monopólio da narrativa supremacista do logocentrismo estão impressos nos espaços das cidades como projeções importantes de serem analisadas. São vieses ideológicos da masculinidade patriarcal que vem sendo forjada há séculos. Se o ritmo frenético da sociedade voltada para acúmulos, que desenvolve tantos vícios comportamentais como a alienação, por exemplo, não nos dá tempo para refletir sobre até que ponto essas questões estão nos afetando, não significa que elas não estejam nos afetando. Sempre que abordo a projeção do falo como elemento simbólico do domínio masculino nos espaços das cidades sou mal interpretada e percebo que, para a grande maioria meus interlocutores, aparentemente estou falando sobre algo absurdo. Mas os registros históricos, bem como a raiz formadora de nossas cidades

E SE A CIDADE FOSSE DAS MULHERES?

fortemente vinculada às antigas civilizações greco-romanas, derrubam qualquer chiste negacionista que venha contrapor esse lastro adormecido que reside em nossos meios.

É evidente que não há registros de homens que são abusivos no espaço doméstico por que passaram algumas horas de seu dia em contato com a forma fálica dos edifícios dos grandes centros econômicos. Mas, certamente, a configuração sufocante, que de tão naturalizada é imperceptível, está atuando de maneira silenciosa no nosso nível de estresse, este sim elemento que endossa abusos e agressões domésticas (vejam bem, *endossa*, não justifica e nem isenta da responsabilização de quem os pratica, uma vez que são as mulheres que são mais atingidas pelas distopias urbanas).

Por isso, é preciso cada vez mais fomentar estudos sobre a influência do meio urbano nos transtornos mentais. Essas informações são preciosas para se despertar sobre os perigos das cidades e sobre o porquê planejadores, designers, urbanistas e todos os profissionais envolvidos em ordenamento urbano precisam estar mais atentos aos discursos das cidades. Esses discursos passam pela leitura dos símbolos que mantemos nas cidades, pois eles constituem uma informação imagética que impacta diretamente nossa percepção e molda nossa consideração, bem como nosso padrão de relacionamento com o meio urbano, ainda que, muitas vezes, estejamos distraídos e alheios a essas questões.

Não eram meramente ilustrativas as imagens de Priapo que adornavam as entradas suntuosas das edificações institucionais greco-romanas. Eram uma mensagem imagética de que ali a sexualidade (sobretudo, masculina) tinha um caráter importante. Em alguns países, a representação fálica

SE A CIDADE FOSSE NOSSA

tem deixado de ser apenas uma sutil projeção inconsciente do desejo de poder masculino para se tornar escancarada. Como é o caso do edifício construído para abrigar o jornal oficial do Partido Comunista na China, que inclusive virou motivo de piada no mundo todo.[46]

O próprio Henri Lefebvre, que cunhou o termo *le droit a la ville* [direito à cidade], em 1968, discorreu sobre o espaço urbano, suas dinâmicas e a simbologia que se imprime nas entrelinhas dos suntuosos e ameaçadores arranha-céus.

> A verticalidade arrogante dos arranha-céus, e especialmente dos edifícios públicos e estatais, introduz um elemento fálico, ou mais precisamente falocrático, no reino visual; o propósito dessa exibição, dessa necessidade de impressionar, é transmitir uma impressão de autoridade. Para cada espectador, a verticalidade e a grande altura sempre foram a expressão espacial do poder potencialmente violento.[47]

Mas qual seria a solução do ponto de vista da equidade de gênero representada por um novo padrão de construção que não carregue esses símbolos impositivos da projeção da masculinidade patriarcal e falocêntrica? Na minha opinião, só existe um caminho, que é a conscientização no ato de projetar. Os profissionais de arquitetura devem se conscientizar sobre as formas que projetam, sobre os discursos que pautam a partir do trabalho, já que toda edificação carrega uma

---

[46] "Prédio que parece 'pênis gigante' dá trabalho a censores na China", *G1*, 16 out. 2013.

[47] "Arquitetura fálica", *Hisour Arte Cultura Exposição*, [s.d.], s/p.

E SE A CIDADE FOSSE DAS MULHERES?

narrativa. Uma vez que, no momento em que se projeta, é feita uma profunda discussão sobre a linguagem dos projetos. Este é o momento em que se pode dissolver o senso comum secular que tem atuado livremente nas construções que existem hoje.

É sempre oportuno chamar atenção sobre por que, por exemplo, o vão livre do Museu de Arte de São Paulo (MASP) é tão convidativo. O projeto de Lina Bo Bardi para essa edificação, até onde se sabe, não atendeu nenhuma inclinação feminista em sua concepção. Mas sempre me pergunto se é mera coincidência o fato de que um dos edifícios mais agradáveis da cidade de São Paulo, que inspira liberdade e integração para quem usufrui do espaço, seja projetado por uma mulher. Tudo o que está no traçado de Lina Bo Bardi não está na experiência feminina de uso da cidade: liberdade, integração, acolhimento, segurança e pertencimento.

Já ouvi descrições de pessoas que falaram que o vão livre é um "colo de mãe" da cidade ou que é um espaço de "braços abertos". Em meio à informação dura e impositiva dos arranha-céus que formam o corredor masculino da avenida Paulista, o prédio destinado à arte é um respiro. Mas, diferentemente da ideia antagônica à presença do falo, que coloca a feminilidade como passiva ou apenas receptiva, é curioso perceber como o MASP foi se tornando um ponto de encontro de onde partem as mais diversas manifestações de contranarrativa política. O que faz daquele espaço também uma contranarrativa.

Um dos discursos comunicados pela violência enquanto linguagem é o da repressão às insurgências. Em sociedades marcadas pelas opressões, fica embutida, nas ações e nos

SE A CIDADE FOSSE NOSSA

espaços, a ideia de passividade ou aceitação do *status quo* que não corresponde à realidade. Grupos oprimidos jamais são passivos, apesar de muitos serem pacíficos, já que sabem profundamente o que a violência significa. Há insurgências, sempre. Todo sistema de opressão e dominação, seja de classe, raça ou gênero, suprime ou imobiliza os levantes e as discordâncias por meio da violência em todas as suas expressões possíveis. Essa é a razão de ser da violência: comunicar quem está no controle.

Mas não haveria a necessidade dessa anunciação se os corpos dominados fossem passivos. A violência é um contra-golpe nas existências que se levanta contra a dominação e, quanto mais intensa e potencialmente produtiva for a insurgência contra os mecanismos de opressão, mais intensa e direcionada, no sentido de marcar o território, será a violência.

Por isso, enquanto homens estiverem inconscientes sobre o significado discursivo das formas arquitetônicas, elas seguirão como marcadores simbolicamente violentos do domínio do espaço físico, Enquanto homens detiveram a exclusividade da narrativa impressa nas cidades, mulheres e todas as outras categorias que estão abaixo da sua posição na pirâmide social conviveram com violências simbólicas que, somada às outras violências, produzem efeitos perigosos como alteração da autopercepção (notem como perdemos a noção de tamanho ou de escala humana quando andamos por centros urbanos), baixa autoestima e sentimentos de impotência acentuados, sensação de sufocamento e de desproteção, sensação de estar em lugar que não deveria estar, entre outros sinais comportamentais que denunciam danos à nossa estrutura psíquica.

E SE A CIDADE FOSSE DAS MULHERES?

É bom lembrar que, assim como a teoria freireana nos leva ao entendimento de que *quem desumaniza se desumaniza*, os danos causados às mulheres não são exclusivos. Homens também sofrem perturbações de uma cidade que revive diariamente em seus espaços o conflito da busca pelo poder que lhe é limitado quando há ausência do estado fálico. Porque pênis e falo não são a mesma coisa. É com o falo que o poder masculino emerge e que se constrói uma metáfora para seu potencial reprodutivo, fértil. Mas é com o pênis, e não com o falo, que homens convivem na maior parte do tempo. Esse conflito cíclico alimenta muitas angústias contidas nas masculinidades forjadas pela ideia patriarcal de poder.

Se por um lado, as edificações são explícitas na representação fálica e fortalecem o ideal supremacista de superioridade masculina, por outro, retomam a lembrança de que a permanência do estado fálico não passa de uma ilusão, ou seja, de que o poder masculino não existe senão circunstancialmente.

Tanto na reflexão da carrocracia nas cidades quanto na do falogocentrismo contido nas narrativas construtivas das cidades não se deve levantar hipóteses para produzir perseguições de toda espécie. Na verdade, é na produção da consciência sobre as coisas que temos a oportunidade de alterá-las ou ressignificá-las. As cidades têm o potencial de produzir consciência e elas vêm fazendo isso com o passar do tempo. É na configuração espacial que muitas ideias se materializam. E o poder de imagens e de símbolos atua como facilitador dessa materialização.

O principal instrumento de intervenção urbanística que as cidades brasileiras dispõem é o Plano Diretor, que define a re-

SE A CIDADE FOSSE NOSSA

gulação fundiária dos municípios. Nele, são previstas todas as decisões e permissões construtivas, além de se mediar interesses da sociedade civil com os do mercado imobiliário. Convém não nos distanciarmos das discussões que definem as balizas do Plano Diretor, sobretudo os grupos minoritários, que têm suas demandas mais substanciais fora das discussões que constroem esse instrumento. Por exemplo, uma das questões que o Plano Diretor está apto a tratar é a da altura dos prédios.

Se temos cidades falocêntricas, é a partir desse instrumento de intervenção da política urbana que se deve abrir espaço para mediação. A defesa de um Plano Diretor integrado a diversos setores da sociedade, como saúde, educação e direitos humanos (que costumam abarcar direitos das minorias sociais) pode ser um caminho valioso para o melhoramento do ambiente subjetivo das nossas cidades.

A neuroarquitetura é outro caminho que desponta como nicho de discussão que deve se proliferar nos próximos anos, sendo que no Brasil esse debate ainda é muito incipiente, mas extremamente necessário. Nesse campo, são feitas propostas, reflexões e avaliações importantes sobre o bem-estar mental nas cidades e nos ambientes construídos, e essa particularidade pode nos reconectar com o significado humano da arquitetura e do urbanismo que foi perdido em meio aos exageros dos *starchitects* – os arquitetos-estrela, como ficaram conhecidos os arquitetos de renome internacional – e suas experiências que desrespeitam a escala humana e os meios urbanos onde seus projetos se inserem.

Pessoas que vivem na cidade experimentam um nível de estímulo aumentado: densidade, aglomeração,

E SE A CIDADE FOSSE DAS MULHERES?

ruído, cheiros, visões, desordem, poluição e intensidade de outras entradas. Cada parte do ambiente urbano é deliberadamente projetada para afirmar significados e mensagens. Esses estímulos desencadeiam a ação e o pensamento em um nível latente de consciência e se tornam mais potentes à medida que uma incapacidade de "lidar" se instala. Isso pode ter o efeito de sobrecarga: aumentar os níveis basais de excitação, estresse e preparação do corpo, mas também levar as pessoas a buscarem alívio: espaços tranquilos e privados; com o tempo, esse desejo pode evoluir para o isolamento social associado à depressão e ansiedade e também forma a base da hipótese ecológica da esquizofrenia.[48]

Notem que as grandes estrelas da arquitetura são majoritariamente homens brancos que realizam projetos para o poder econômico e seus delírios de grandeza. O povo ou o usuário das cidades não é levado em conta, tampouco os efeitos psicológicos que conviver com grandes construções causam individual e coletivamente.

Mais uma vez, pensar nas obras de Santiago Calatrava ou Jean Nouvel em contraste com a arquitetura ancestral e orgânica de Diébédo Francis Kéré nos dá a dimensão do quanto a arquitetura e urbanismo precisa abraçar a diversidade e levar a sério outros modos de existir que usufruem da produção arquitetônica. Não é utópico propor uma arquitetura decolonial e um urbanismo antirracista como antídoto para o falogocen-

---

[48] "How Urban Design Can Impact Mental Health", *The Centre for Urban Design and Mental Health*, [s.d.], s/p. Tradução minha.

trismo das cidades, especialmente no contexto brasileiro que sofreu a *distorção da distorção* do ideário eurocêntrico a ponto de ter afirmações tão problemáticas sobre a ausência de contribuição africana na produção arquitetônica do país.

Certamente, nossos profissionais, sempre brancos, esquecem que o apagamento é um instrumento de desumanização social que funciona e funcionou durante a história em sua máxima potência. Enquanto tivemos a arquitetura indígena exotificada, colocada como folclórica e restrita apenas ao espaço territorial das suas respectivas etnias ou ainda uma simples alegoria do subdesenvolvimento, tivemos o potencial negro inutilizado.

É desse apagamento que partimos para afirmar que há nas cidades brasileiras o discurso falogocêntrico simbolizado pelas edificações que adoramos e reverenciamos, pois, nessas edificações, além do discurso de superioridade e domínio masculino, temos a supremacia racial. Ao olhar para nossos prédios não identificamos nenhum resquício da formação multirracial e multicultural do nosso país, o que por si só já caracteriza uma ação violenta da colonialidade urbana.

A feminização da pobreza no espaço urbano

"Se o ambiente construído não está apoiando você, então é provável que esteja prejudicando você."

SARAH WILLIAMS GOLDHAGEN[49]

---

[49] Sarah Williams Goldhagen, "How architecture shapes your identity and affects your brain", entrevista, *ABC News*, 6 nov. 2017.

E SE A CIDADE FOSSE DAS MULHERES?

Nos últimos anos, as ocupações tomaram conta dos noticiários brasileiros, sobretudo após o incêndio do edifício Wilton Paes de Almeida, em 2018, no chamado centro velho da capital paulistana. Sempre em tom de criminalização, a abordagem da grande mídia deixou bem explícito que o Brasil não conhece sua história fundiária, que sempre teve uma distribuição malfeita da terra.

No entanto, algo chamou atenção a partir do trágico episódio: o protagonismo das mulheres à frente da organização dessas ocupações, especialmente mulheres negras. Engana-se quem acredita que é coincidência. É consequência. Embora a era Lula (2003–2010) tenha implementado políticas que trouxeram sensível alteração nos índices socioeconômicos dos brasileiros, fazendo com que grupos desvalidos chegassem à classe média, essas alterações se basearam no poder de compra de bens e imóveis de pequeno e médio porte, como eletrodomésticos, carros populares e habitação de mercado popular, por exemplo.

Mas, infelizmente, isso funcionou como uma cortina de fumaça que deixou turva a visão das camadas pobres quanto à fragilidade de sua condição socioeconômica como produto dos processos históricos da colonialidade. As pessoas que estão socialmente localizadas nas camadas pobres, as classes E e D, têm pouca familiaridade com o valor real do capital e possuem bastante dificuldade de traçar um comparativo entre o quanto produz e o quanto usufrui daquilo que produz.

O assalariado não avalia sua remuneração em comparativo com horas trabalhadas e todas as perdas subjetivas que implicam essa equação. A baixa autoestima aliada aos discursos manipuladores das crenças cristãs sobre bens mate-

241

riais e da meritocracia incutiram nas camadas mais pobres um sentimento de não merecimento em uma polaridade que reforça sua visão como subalterno. Isso explica o porquê do trabalhador brasileiro quanto mais pobre e explorado é, mais manifesta uma postura de servidão.

A consciência de classe não foi devidamente desenvolvida no povo brasileiro e, por aqui, predomina a lógica freireana sobre a necessidade de uma educação libertadora. O que caracteriza a riqueza no Brasil ainda é o acesso à terra, seja rural ou urbanizada. E, nesse sentido, pouco ou nada mudou, mesmo com as boas intenções das políticas petistas implementadas.

O acesso à terra e à moradia continua negado a grupos subalternizados, como mulheres, negros e indígenas (urbanos ou aldeados que dependem da demarcação de suas terras) e quilombolas, além da população ribeirinha. Com exceção das mulheres que estão na linha de frente das lutas urbanas por moradia, liderando ocupações ou articulando políticas habitacionais, mediando o diálogo entre as instituições e a sociedade civil, raramente vemos uma consciência manifesta de que não ter uma moradia digna constitui uma violência patrimonial promovida pelo estado brasileiro, uma vez que a Constituição garante esse item como direito básico.

É preciso entender que todo privilégio é construído a partir de uma violência. No caso da pobreza das mulheres e minorias sociais, essa violência tem sido mascarada por argumentos que fogem da dimensão real do problema, ou seja, conceitos estáveis que são, na verdade, o exercício da violência institucional que ora age de maneira autônoma, ora age juntamente com o poder privado.

E SE A CIDADE FOSSE DAS MULHERES?

Talvez essa dicotomia se estabeleça mediante o abismo que separa o lócus social de mulheres brancas e negras (ou não brancas) e pobres. Essas mulheres que encabeçam lutas árduas para ter acesso a direitos garantidos estão vivendo no extremo da vulnerabilidade, o que as obriga a criar meios para sair da situação incômoda, criando meios de sobreviver e de sustentar suas famílias que, muitas vezes, as têm como único apoio.

Falta à maioria esmagadora das mulheres brasileiras a consciência de como as dinâmicas das opressões se articulam a partir do território, das cidades e dos meios urbanos para além dos assédios e importunações sexuais que ocorrem na exposição do corpo feminino no espaço público. No meu livro *Empoderamento*, falo sobre um pilar fundamental do trabalho de resgate do poder social de grupos oprimidos que é o fortalecimento e a recuperação econômica.[50]

O dinheiro ainda é o maior instrumento de materialização do poder social. E sem os deslumbres e apelos do feminismo liberal, precisamos pensar em meios para que a justa distribuição de recursos nos alcance. Inclusive, se olharmos de modo interseccional, a questão da moradia e do acesso à terra constitui um dos instrumentos que mais fragilizam mulheres negras, indígenas e não brancas. Especialmente quando falamos de uma questão que o feminismo hegemônico se recusa a discutir com honestidade, já que exige recuo de privilégios e questionamentos sobre uma das principais instituições que garante a supremacia masculina e patriar-

---

[50] Joice Berth, *Empoderamento*, 2019.

cal no âmbito privado (o casamento): o celibato definitivo de mulheres negras.

Muitas mulheres brancas, embora não sejam proprietárias de imóveis e terras, têm o respaldo de seus maridos ou de homens da família. Esse respaldo, que não se limita à questão de imóveis e acesso à terra, se estende para outros espaços e reserva para elas um lugar dúbio dentro das estruturas de poder, como nas empresas e no mundo corporativo em geral. Isso não significa que mulheres brancas não possam ser marcadas por esses acordos que se dão a partir da instituição do casamento, até porque, na maioria das vezes, são essas instâncias as responsáveis pela intensificação das situações de abusos e microviolências que fogem da captação do entendimento público, mas que ocorrem e as afetam subjetivamente.

Contudo, para fins de luta contra o status de opressão e dominação, é necessário que todas as mulheres, mesmo as que possuem o *capital racial* para negociar com homens brancos, se coloquem em posição de defesa e de fortalecimento econômico com atenção na emancipação particular e de todas as categorias de mulheres. É um grande equívoco se achar de fora do domínio social da supremacia patriarcal apenas por se encontrar em condição de conforto material devido a uniões matrimoniais. Em troca, é preciso entender que o fortalecimento de todas as mulheres é a única via possível para construir caminhos de emancipação coletiva.

Quando analisamos os indicadores de desemprego e vemos a composição dos cargos mais altas nos meios corporativos, percebemos que o mercado de trabalho dificulta qualquer tipo de acesso dos grupos minoritários aos melhores salários. Isso é muito explícito. Se analisarmos pelo fator étnico-racial, então, esse cenário se intensifica desmedidamente.

Isso está no cerne de disputas violentas, como acontece na questão das medidas reparatórias promovidas no âmbito da educação e as cotas raciais para ingresso nas universidades. Por mais que se explique que não é um método de segregação baseado na raça ou o fatídico racismo reverso, depois de mais de uma década de implementação, ainda há a constante tentativa de inviabilizar ou eliminar essa lei de cotas.

> O Brasil é o país em que terminar o ensino superior garante a maior vantagem salarial em relação ao ensino médio completo e ao incompleto, entre 37 avaliados pela OCDE, grupo de nações entre as mais ricas do mundo. [...] Ensino superior (incluindo graduados e pós-graduados) garante ao brasileiro uma remuneração média 144% acima da dos que terminaram o ensino médio. Em comparação com os que não concluíram o ensino médio, a remuneração dos graduados é mais que o triplo (258% acima).[51]

Não é apenas senso comum dizer que a formação no ensino superior, se não funciona como uma garantia, é ao menos uma das poucas oportunidades de ascensão socioeconômica no sistema capitalista (lembrando que oportunidade não necessariamente é certeza de acesso). Na verda-

---

[51] Ana Estela de Sousa Pinto, "Graduados no Brasil têm maior vantagem salarial, mostra estudo da OCDE", *Folha de S.Paulo*, 8 set. 2020.

de, isso é justamente o que foi negado a grupos oprimidos no decorrer da história. Não é muito difícil entender que a perseguição à lei de cotas, por exemplo, não é feita por que estudantes privilegiados se sentam ao lado da filha da doméstica para estudar, o que incomoda é o fato de que, se a filha da doméstica deixar de ser a filha da doméstica, passará a disputar o capital em nível equivalente ao que as elites socioeconômicas, e também a classe média, estão acostumadas a alcançar.

Trata-se, tão somente, de uma possível fissura nas estruturas sólidas das relações de poder assimétricas que implicam dominação e opressão de pessoas. Trata-se de tecnologia de formação material de marginalizações que depois vão se espelhar nos territórios. E de uma política pública eficaz que está empoderando uma geração de jovens com boas condições de ocupar cargos de alto salário no mercado de trabalho.

Como nos indicou Angela Davis, não podemos esquecer que, quando falamos de cotas, estamos falando de triangulações entre raça, classe e gênero que enfrentam um esvaziamento de poder social pelas vias da exclusão da divisão do capital. Portanto, se a terra continua a ser o bem imóvel mais rentável e seguro, evidentemente considerando as variantes que podem alterar seus valores no mercado imobiliário, o acesso à propriedade não será de interesse das elites urbanas, do mesmo modo que acontece nas zonas rurais. Os conflitos fundiários em terras da união, que promovem o etnogenocídio dos povos tradicionais, têm seu correspondente no espaço urbano.

No documentário *Limpam com fogo*, de 2017, temos um exemplo de como essas disputas por terra se tornam violen-

E SE A CIDADE FOSSE DAS MULHERES?

tas e genocidas também nas cidades. Os diretores Rafael Crespo, Conrado Ferrato e César Vieira, intrigados com a frequência com que incêndios atingem áreas favelizadas na grande São Paulo, apresentam nesse documentário suas impressões acerca de uma ação higienista supostamente promovida por agentes da especulação imobiliária em áreas com alto potencial de exploração.

Já Priscila Spécie e Miguel Jacob realizaram, em 2017, um estudo detalhado sobre as disparidades de gênero contidas na posse e acesso a imóveis urbanos no município de São Paulo. Essa pesquisa, realizada pela Fundação Getulio Vargas/Centro de Estudos em Política e Economia do Setor Público (FGV/CEPESP), levantou dados extraídos dos cartórios de registros de imóveis de São Paulo e constatou que as mulheres eram donas de uma porção do município duas vezes menor do que a dos homens. Isso é sobre as disparidades de gênero contidas na posse e acesso a imóveis urbanos no município de São Paulo.

Apesar de representar 52% da população da capital paulista, as mulheres possuem, apenas, 33% dos imóveis (aproximadamente 900 mil), ou 30% da área total construída. Um contingente de pessoas que representa mais da metade da população possui apenas um terço dos imóveis no mesmo território. Os homens, por outro lado, são donos de 55% (1,5 milhão) dos imóveis, ocupando 57% da área construída. A parcela restante dos imóveis pertence a pessoas físicas cujo gênero não foi identificado ou a pessoas jurídicas – uma vez que 10% dos imóveis da cidade são possuídos, conjuntamente, por uma PF [pessoa física] e uma PJ [pessoa jurídica].[52]

De forma resumida, as mulheres constituem o maior grupo populacional, mas possuem menos acesso à aquisição de imóveis, enquanto os homens são menores em contingente, mas são maioria como donos de imóveis. Além da diferença apurada entre gêneros, também ficaram constatadas as diferenças no acesso a imóveis dentro do grupo de mulheres. As mulheres periféricas, que são majoritariamente negras ou não brancas, representam a base da pirâmide social e são as que menos possuem imóveis.

De modo geral, esses indicadores nos dizem que as mulheres não têm agência urbana, não são sujeitas reais dentro da própria cidade, já que não ser dona de uma propriedade implica não ter acesso à segurança urbana, aos meios de transporte adequados, à infraestrutura básica e secundária, à garantia de intervenção nas decisões sobre políticas públicas urbanas e habitacionais, entre outras coisas.[53]

Atualmente, matérias jornalísticas, sobretudo informes publicitários produzidos pelo mercado imobiliário, afirmam que essa realidade vem mudando e que mulheres estão aquecendo esse mercado através da compra da casa própria. Há também algumas políticas públicas que tem levado em consideração essa percepção empírica de que mulheres são minorias como proprietária de imóveis urbanos. No entan-

---

[52] Priscila Spécie e Miguel Jacob, "As mulheres são donas de *uma São Paulo* duas vezes menor do que os homens: por quê?", 2017.

[53] Cf. Herta Rani Teles Santos e Juliana Pita Guimarães (orgs.), *O poder feminino*, 2021.

E SE A CIDADE FOSSE DAS MULHERES?

to, devemos nos perguntar como essas pesquisas tem sido feitas e se há preocupação com a interseccionalidade como instrumento de análise mais verossímil. Os pesquisadores que divulgaram o estudo da FGV/CEPESP alertaram que os dados obtidos pelo cruzamento de informações poderiam não ser evidentes, mas a análise que destaca as desigualdades entre e intra-gêneros só foi possível a partir da abertura da base de dados do IPTU e de seu georreferenciamento em plataformas digitais inovadoras como a GeoSampa.

Durante o período mais crítico da pandemia do Coronavírus, vimos de perto os efeitos das discrepâncias nas condições habitacionais e de acesso à cidade em tempo real. Muitas famílias que viviam de aluguel foram expulsas de suas moradias em um dos momentos mais críticos da história das cidades. A feminização da pobreza deve ser avaliada mediante o crescente número de mulheres que assumem e cuidam sozinhas de suas famílias. Especialmente nos polos urbanos de moradia ou ocupação mais precária, em que a informalidade e a insegurança na posse é uma ameaça constante. Não é difícil traçar uma correlação entre esse fato e a divisão sexual do trabalho, que coloca as mulheres, sobretudo negras e pobres, em condição de baixa remuneração ou de informalidade, o que dificulta muito a aquisição da casa própria. Às vezes, os recursos limitados não permitem alugar um imóvel em outro local que não sejam as partes mais críticas das periferias ou áreas favelizadas.

Embora nos últimos anos alguns movimentos tenham conseguido pleitear direitos e compor instrumentos legislativos com um olhar especial à condição das mulheres – como é o caso da Lei Federal de Regularização Fundiária

SE A CIDADE FOSSE NOSSA

Urbana, que visou a garantir que imóveis adquiridos pelo programa Minha Casa, Minha Vida sejam registrados no nome da mulher –, ainda estamos longe de vermos iniciativas específicas que assegurem o acesso à terra e à propriedade.[54] É preciso que se desvincule completamente o direito à moradia e o acesso à terra dos resquícios de dominação patriarcal, de maneira que se crie alternativas e meios para que esse direito se constitua realmente como uma forma de tirar mulheres da condição de pobreza. Do mesmo modo, essa discussão deve provocar ações que ponham em xeque a condição única de acesso à propriedade estabelecida pela instituição casamento. Principalmente no caso de mulheres em fragilidade econômica que se casam com homens violentos para sobreviver às condições trágicas de vida, e acabam vivendo sob controle e ameaça. Não há condições de se pensar o direito à cidade sem esses indicadores. Menos ainda afirmar que temos cidades democráticas ou humanas, negligenciando suas diversas formas de uso e ocupação para além das tradicionais.

---

[54] República Federativa do Brasil, Presidência da República, Lei nº 11.977, 7 jul. 2009.

Jessica Tavares e Joice Berth (centro) com uma de suas referências na militância, no campo da política institucional e no debate sobre gênero, raça e cidades, Marielle Franco.
© Acervo pessoal de Joice Berth

4.

EMPODERAMENTO E DIREITO À CIDADE: UM DIÁLOGO POSSÍVEL?

"Eu acho que o empoderamento é muito complicado. É uma palavra bonita, mas não é facilmente alcançada. Estou interessada nesta zona entre impotência e empoderamento. Acho que é aqui que ocorre grande parte da formação da história pelos impotentes. É onde alguém pode sair de uma condição de impotência elementar e entrar em uma zona ambígua onde você se torna um criador, mesmo que não se torne capacitado. Eu argumento que, ao contrário dos subúrbios, ao contrário dos parques de escritórios, ao contrário dos intermináveis conjuntos habitacionais, a cidade, com seus elementos ligeiramente anárquicos, com suas multidões, é, na verdade, um dos espaços onde aqueles sem poder têm agência, porque não é um ambiente controlado."

SASKIA SASSEN [1]

[1] Saskia Sassen, "Saskia Sassen Talks Finance, Climate, Race, Immigration and How We Can Begin to Fix Our Planet", entrevista a Nato Thompson, *Creative Time Reports*, 27 out. 2014. Tradução minha.

Empoderamento é um dos conceitos mais distorcidos entre todos os que compõem as pautas e lutas por emancipação e transformação social dos últimos tempos. Mas, diante de todas as distorções, esvaziamentos e cooptações, é possível pensar em empoderamento no escopo do direito à cidade?

Sim, é possível. Especialmente quando entendemos que o conceito de empoderamento parte – ou deveria partir – do questionamento e do confronto da ideia de poder que reside na alma do sistema de dominação. Todas as questões que tratamos até aqui falam sobre as assimetrias nas relações de poder. Quando falamos em empoderamento, falamos em poder e seus signos, significantes e significados. Não podemos ver o poder, pegá-lo nas mãos, movê-lo ou pendurá-lo em uma parede. O poder é anacrônico. Mas quando olhamos para os espaços físicos sociais, para a divisão racial do espaço, para o gênero como impeditivo à terra e aos imóveis, quando nos conscientizamos sobre a supremacia dos carros nas cidades, entre outras coisas, estamos enxergando os efeitos materializados do poder. Nas cidades, o poder ganha um chão e uma localização.

Isso deve ser percebido como sinalização de que algum poder está localizado em dado espaço. Ao passo que nas periferias e áreas favelizadas que se formaram, como resultado dos processos históricos que suprimiram escolhas, vemos que ali não há poder. Estamos falando de poder social, que é a capacidade de criar e manipular as decisões que alteram ou consolidam as dinâmicas sociopolíticas e econômicas.

Intuitivamente, todas as cidadãs e todos os cidadãos sabem disso. Basta um poste cair em uma rua das chamadas áreas nobres e todo o aparato público se apressa em resolver o problema. Nas periferias, a zeladoria urbana demora uma vida para limpar uma área porcamente arborizada. Sabemos e nos queixamos dessas diferenças de tratamento, mas raramente nomeamos como se deve, raramente compreendemos tal situação como resultante das relações desiguais de poder social.

Se podemos realizar um trabalho de empoderamento, que é processual e leva tempo significativo, pela delicada articulação que deve se dar entre individual e coletivo, é nas cidades que a aplicação deve ser alimentada, convertida na articulação entre cidadania e cidade. Este talvez seja o principal caminho para o trabalho de empoderamento: pensar na simbiose entre cidade e cidadania.

A condição de existência nas cidades está intrínseca à consolidação da cidadania. O indivíduo se torna cidadão

SE A CIDADE FOSSE NOSSA

mediante um exercício político de atuação nas cidades e é a cidade o espaço que a soma das cidadanias constitui. Sem cidadão, não há cidades.

Isto é, podemos considerar que não temos cidades, uma vez que não temos cidadanias completas. Os grupos dominantes poderiam, em alguma instância, serem considerados cidadãos e cidadãs, mas, no ofício de impedir que a cidadania total se estabeleça, para a manutenção dos privilégios que desfrutam, na verdade, perseveram no projeto de uma cidadania parcial que está em contínuo processo de desumanização.

Quem desumaniza, desloca a humanidade do outro, aquilo que é comum a ambos, e, por isso, se esvazia dentro desse processo. Grupos dominantes detêm o domínio espacial e ditam as regras de segregação e expulsão, mas não podem impedir, ao seu modo totalitário, que as existências sejam ativas.

Nesse contexto, podemos pensar no "urbanismo subalterno", conceito cunhado pela urbanista indiana Ananya Roy, que observa as insurgências no cerne das áreas marginalizadas na Índia.[2] Ela parte do conceito gramisciano de "subalterno", também desenvolvido por Gayatri Spivak para pensar na questão do *lugar de fala*.[3]

Roy observa que as *slumdogs* (áreas favelizadas) produzem resistência contínua, se reorganizando no território que ocupam para restituírem em algum nível a cidadania que o restante da cidade mutila.

---

[2] Ananya Roy, "Cidades faveladas", 2017.
[3] Gayatri Chakravorty Spivak, *Pode o subalterno falar?*, 2010.

EMPODERAMENTO E DIREITO À CIDADE

> Estou interessada nesta mudança: do subalterno marcando os limites do reconhecimento arquivístico ao subalterno como um agente de mudança. À medida que o subalterno recebe uma identidade política distinta, então essa figura passa a estar associada a territórios distintos. Um desses territórios é a favela. É assim que a ideia do subalterno entrou no campo dos estudos urbanos, levando ao surgimento de uma formação que eu denomino de urbanismo subalterno. Dois temas são proeminentes no urbanismo subalterno: economias de empreendedorismo e agência política.[4]

Esse fenômeno ocorre em todas as periferias e áreas favelizadas do Brasil e da América Latina. São lugares que ainda carregam marcas da eugenia e do higienismo nos seus espaços, que estão conceitual e visivelmente segregados do restante do tecido urbano, nas coxias das centralidades abastadas e reverenciadas com o status de *cidade*.

A despeito da necessidade premente de que as populações que vivem nas áreas favelizadas tenham consciência dos processos históricos responsáveis pela chegada e permanência nesses espaços, não podemos deixar de exaltar a insurgência que transforma as senzalas da colonialidade em quilombo, fazendo uma fusão importante entre ances-

---

[4] Ananya Roy, *op. cit.*, 2017, p. 10. De acordo com a teoria foucaultiana, o termo "arquivístico", *grosso modo*, refere-se ao conjunto de discursos de uma determinada época e que reverbera seu modo de pensar através da história. Assim, "arquivo" de um período é sempre uma materialidade parcial, sua totalidade é impossível de ser apreendida.

SE A CIDADE FOSSE NOSSA

tralidade e continuidade da luta por condições dignas e por direitos negados.

Definitivamente, as áreas favelizadas não são lugares de aceitação e passividade, embora nem sempre as populações presentes nesses espaços se deem conta do peso político da autonomia que imprimem a si mesmas nesses espaços. Em muitos momentos da história recente, essas áreas dão lições de cidadania e de força organizacional.

Contudo, falta a conscientização que Paulo Freire cita em um dos seus mais importantes escritos. Freire propõe uma conscientização crítica que implica se saber quem é, onde está e porque está no lócus social que ocupa, mas não apenas isso. A conscientização crítica precisa, especificamente, ser capaz de respaldar o entendimento completo da natureza da opressão e os recursos reais que oprimidos produzem em uma sociedade que domina corpos para a criação e a manutenção de privilégios.

Frequentemente, vemos a insurgência das populações faveladas confundidas com autoestima ou autovalorização. Não se reivindica o lugar social que lhes é de direito, se contentando com a narrativa dominada pelos mesmos privilegiados de sempre. Por melhor que sejam as intenções dos privilegiados, há o entrave subjetivo do apego ao seu status social dominante e, exatamente por isso, não se consegue promover uma integração da favela ao ambiente urbano do qual inadvertidamente faz parte. Precisamos entender que uma coisa são os discursos inflamados de orgulho da condição social que se ocupa e outra coisa completamente diferente é usar esse mesmo orgulho como energia motriz da transformação.

EMPODERAMENTO E DIREITO À CIDADE

Em dois momentos da minha vida, tive contato com atuações de promoção do empoderamento de comunidades e de transformação social do meio urbano excluído. A primeira foi trabalhando diretamente na concepção de um projeto de regularização fundiária do Jardim Jaqueline, bairro da Zona Oeste de São Paulo. Nesse trabalho, duas mulheres, líderes comunitárias, trataram de toda a movimentação pregressa ao projeto, usando caminhos institucionais para levar o título de usucapião a famílias em vias de serem despejadas. Essas mulheres, ambas não brancas, buscaram conhecimento sobre todo o processo e tiveram todo o cuidado para que o trabalho se seguisse sem importunar o andamento natural da vida dos moradores da área, além de não distorcer as características daquele que já era um bairro consolidado e cheio de histórias. O segundo trabalho foi como observadora das ações que a arquiteta e urbanista Ester Carro, presidente da União Educacional e Esportiva do Jardim Colombo, na região de Paraisópolis, vinha desempenhando, desde 2017, no projeto Fazendinhando. Além de revitalizar um lixão em funcionamento na área há quase duas décadas, ela criou um sistema de profissionalização de pessoas da comunidade ao promover cursos diversos. Ambas as iniciativas têm alto poder de transformar as pessoas em suas visões de si mesmas nessas comunidades e, por mais que não sejam percebidas, a autoestima, que é um elemento muito mais político do que parece, ganhou novos contornos.

Em 2020, durante meu trabalho como curadora da exposição *Casa carioca*, que foi exibida no Museu de Arte do Rio de Janeiro (MAR), pude ver de perto o quanto a autoestima é um instrumento importante de manipulação territorial e urbana de grupos subalternos. A pergunta que a exposição tentou responder era: Como posso ser socialmente saudável, a ponto de buscar a conscientização de meus direitos e dos processos históricos de exclusão, se não tenho uma boa impressão do lugar em que moro? Nessa exposição, dividi a curadoria com o brilhante curador-chefe do MAR, Marcelo Campos, que teve a intenção inicial de trazer perspectivas de reversão da autoimagem distorcida que os moradores do entorno ao museu, principalmente os que residem no Morro da Conceição, bairro da região portuária do Rio de Janeiro, tinham de si e de suas habitações.

Foi muito gratificante observar o contato dos moradores com outra visão de suas vidas e personas a partir da ressignificação das casas. Isso só foi possível por que conduzimos o olhar dos residentes no Morro da Conceição para o componente ancestral presente na autoconstrução. Além do mais, estimulamos o questionamento da hegemonia das cidades, branca e eurocêntrica, que autointitula sua moradia como *nobre*. Tornou-se possível, então, perceber que essa *nobreza* é uma reprodução do *modus vivendi* europeu – noção do espaço que não cumpre uma das principais funções da arquitetura; que é identificar a realidade onde uma sociedade está inserida.

Estes são exemplos de intervenções simbólicas nos espaços físicos que podem ser o estopim de um processo irreversível de luta pelo direito à cidade dentro desses territórios. Uma vez que as cidades provocam, convidam e se revestem de símbolos que reconstroem os processos históricos, imprimem novas funções e narrativas que podem atender a totalidade das demandas atuais e criar condições para que os

EMPODERAMENTO E DIREITO À CIDADE

pilares do processo de empoderamento se materializem no espaço, fortalecendo métodos já em andamento ou induzindo a alternativas que atuem em conjunto para o resgate do poder social de grupos subalternizados.

Mas, para falar em cidades favoráveis ao empoderamento, é preciso passar pela questão da autoimagem urbana que as pessoas criam ao ocupar as cidades. Precisamos entender como as pessoas se enxergam nas cidades, se participam ativamente dos processos que implicam as decisões e as deliberações da política urbana, e se são capazes de construir um sentimento de pertencimento.

Aliás, o sentimento de pertencimento é algo que está em visível desequilíbrio nas cidades. Alguns se sentem donos absolutos do espaço pois acumulam poder socioeconômico e acham que estão em condição de dominação, enquanto outros se sentem desprovidos de qualquer influência ou voz. O silenciamento, um dos instrumentos de opressão mais comum, também incide nos espaços das cidades, seja pela omissão, negligência ou negação institucional da participação dos grupos sociais subalternizados ou oprimidos nas decisões sobre o espaço, seja pela presença ameaçadora ou pela intervenção indevida e não mensurada da polícia em lugares de recreação ou permanência de pessoas, entre outros métodos.

A questão da participação social no andamento da política urbana, de modo a permitir que cidadãos e cidadãs exerçam sua cidadania e estejam na dianteira do processo democrático de intervenção no território é uma questão da maior importância e deve ser enquadrada como meio de promoção do empoderamento aplicado à realidade urbana.

SE A CIDADE FOSSE NOSSA

Há um crescente movimento federal de enfraquecimento e desmonte de conselhos e colegiados criados para participação da sociedade civil nos mais variados assuntos, entre eles, aqueles que definem os rumos das cidades.

A revisão do Plano Diretor, importante instrumento de ordenamento das cidades, fundamental para prever medidas que possam mitigar as desigualdades territoriais e urbanas, habitualmente suprime ainda mais a participação da sociedade civil, uma vez que não tem se considerado os escassos recursos, em tempos de crise econômica, para viabilizar a participação dos moradores.

Sabemos que esse movimento não é novo, uma vez que não há uma campanha de mobilização ativa e contínua de conscientização da sociedade ou qualquer medida que estimule a participação popular nos conselhos e colegiados disponíveis. Não é difícil encontrar pessoas, sobretudo as que moram nas áreas favelizadas e periferias, que sequer sabem da existência desse instrumento de atuação social. Outro caminho de promoção das cidades como facilitadoras do empoderamento de grupos minoritários é a participação em tempo real das mudanças que podem ser feitas nos espaços de origem. Em alguns lugares, esse movimento tem sido chamado de urbanismo tático (do inglês *tactical urbanism*), que também é conhecido como acupuntura urbana e tem o potencial de resgatar o sentimento de pertencimento das pessoas que vivem em um determinado espaço, mediante a composição de táticas de atuação coletiva para intervenções temporárias em problemas diagnosticados nos espaços por aqueles que o ocupam.

Algumas das práticas do urbanismo tático são o incentivo à arte urbana, ao tratamento humanizado de calçadas

EMPODERAMENTO E DIREITO À CIDADE

com instalação de mobiliário convidativo, à sinalização mais agradável aos olhos e às ilhas de convivências que convidam as pessoas a se integrarem. Mas as questões mais importantes que devemos ter em mente para pensarmos em como as cidades podem contribuir ativamente com o trabalho de empoderamento de grupos que foram marginalizados são: 1) política, que no caso das cidades implica participação e decisão sobre os rumos das políticas públicas urbanas; 2) psicológica, que implica contribuir para o resgate da autoestima e do sentimento de pertencimento de quem ocupa dado espaço, bem como a valorização das histórias individuais e coletivas no espaço; e 3) cognitivo, que é a consciência profunda sobre a construção do espaço urbano como resultado dos processos de fortalecimento e autonomia que podem ser promovidos nesses espaços (e aqui cabe o exemplo das cooperativas como a de catadores ou o trabalho dos ambulantes devidamente organizado e autorizado como parte dos serviços oferecidos nas cidades).

Qualquer projeto de cidade que pretenda unir esses três pontos tem o potencial de contribuir ativamente com qualquer trabalho de empoderamento que se promova no nível social.

(Re)pensando o espaço urbano sob a ótica dos subalternos: cidades decoloniais

É visível o efeito das opressões sociais na divisão do espaço urbano, já que a urbanização formal brasileira coincide com o período das teorias eugênicas, adotadas por muitos expoentes da intelectualidade hegemônica nas variadas áreas.

SE A CIDADE FOSSE NOSSA

Vimos neste livro como a colonialidade elaborou um traço compulsório que fragmentou nossas cidades a partir da lógica hierárquica dada pela raça, pela classe social e pelo gênero. Compreendemos, então, como a arquitetura e o urbanismo são capazes de consolidar a subalternidade, se deslocando da sua função organizadora e social para a segregacionista e excludente.

Mas quais os instrumentos que dispomos para reverter esse quadro?

Uma das hipóteses a serem consideradas é a adoção do conceito de empoderamento como caminho de reflexão. O empoderamento pode subsidiar discussões técnicas e trazer para a sociedade a conscientização profunda dos problemas arq-urbanísticos que consolidaram as opressões estruturais no espaço físico. Esse conceito, pensado por Paulo Freire, aplicado por Barbara Solomon e resgatado pelas feministas latinas, indianas e não brancas do norte global, para além do trabalho de resgate do poder social de grupos minoritários, nos traz a perspectiva do quanto é vital para o futuro urbano pensar nas definições de poder em todas as questões sociais, incluindo a formação e a manutenção das hierarquias que acarretam privilégio, confinando o restante da cidade no lugar da outridade ou da exclusão propriamente dita.

Na década de 1910, o pesquisador e crítico de cinema Ricciotto Canudo escreveu o "Manifeste des Sept Arts" [O manifesto das sete artes].[5] Nesse manifesto, ele reelaborou o ideal kantiano que afirmava que arte seria tudo que é produzido

---

[5]   Ricciotto Canudo, "La naissance d'un sixième art. Essai sur le cinematografe", 1911.

EMPODERAMENTO E DIREITO À CIDADE

de forma livre e racional, ou seja, tudo que pressupõe liberdade e racionalidade na sua construção e concepção.

A arquitetura aparece, então, como a primeira arte – em uma numeração que não estabelece exatamente uma escala de valor ou importância –, definida como a capacidade de conceber e construir edifícios com a preocupação de manter a harmonia entre espaço e estética. Infelizmente, com o tempo, esse ideal se enfraqueceria cada vez mais, até chegar na síntese do movimento modernista expresso pela máxima cunhada pelo arquiteto Louis Sullivan em *Form Follows Function* [A forma segue a função].

> Seja a águia arrebatadora em seu voo, ou a flor de maçã aberta, o cavalo trabalhador, o cisne alegre, o carvalho ramificado, a corrente sinuosa em sua base, as nuvens à deriva, sobre todo o Sol correndo, forma sempre segue a função, e esta é a lei, onde a função não muda, a forma não muda, as pedras de granito, as colinas, permanecem por séculos, o raio vive, entra em forma e morre, num piscar de olhos. É a lei perene de todas as coisas orgânicas e inorgânicas, de todas as coisas físicas e metafísicas, de todas as coisas humanas e todas as coisas sobre-humanas, de todas as manifestações verdadeiras da cabeça, do coração, da alma, que a vida é reconhecível. Sua expressão, essa forma sempre segue a função. Esta é a lei.[6]

---

[6] "Forma segue a função", *Hisour Arte Cultura Exposição*, [s.d.], s/p.

SE A CIDADE FOSSE NOSSA

A noção de que a forma segue a função foi assimilada por muitos como um balizador para a separação entre arte e arquitetura. Mas o que podemos observar é que, no Brasil, intuitivamente, essa separação não foi totalmente feita. Comumente, as pessoas associam arte à arquitetura. Talvez por isso a arquitetura brasileira seja tão negligenciada, sobretudo pelas camadas mais pobres da sociedade que entendem arquitetura como privilégio para poucos. Em um contexto de extrema desigualdade social, racial e de gênero, essa percepção se confirma a olho nu. As camadas mais pobres da sociedade entendem a engenharia civil como fundamental para a elaboração correta de uma edificação e a arquitetura como mera decoradora. Cresci em um ambiente de produção do morar exclusivamente pela autoconstrução, com pai, tios e avô exercendo o ofício de pedreiros e construindo suas próprias casas. Sempre ouvi deles um respeito e uma reverência ao engenheiro civil, inclusive lamentando a impossibilidade de contar com a ajuda desses profissionais.

Durante o ensino médio, ao me aprofundar nas pesquisas sobre Oscar Niemeyer e a escola modernista, descobri que projetar uma moradia é competência do arquiteto. E passadas mais de duas décadas, a premissa de que o arquiteto não é o responsável pelos projetos de edificações ainda perdura na mentalidade das pessoas que vivem a escassez de possibilidades promovidas pelas desigualdades sociais.

Mas se, por um lado, há uma desvalorização da arte e da arquitetura por obra dos desvios de interpretação e entendimento por parte da população, por outro, podemos atribuir essa ocorrência, também, à colonialidade que promoveu o

EMPODERAMENTO E DIREITO À CIDADE

apagamento sistemático de toda a produção ancestral indígena e africana da construção das cidades e seus equipamentos, bem como da arte em si.

No campo dos estudos decoloniais, faz-se a reflexão sobre a necessidade de resgatar as informações ancestrais apagadas. Na verdade, é mais que uma discussão, é um trabalho de pesquisa e produção de conhecimento a partir do entendimento de que somos produtos do eurocentrismo que soterrara nossos saberes ancestrais. Então podemos produzir e pensar a arte decolonial. E também podemos produzir e pensar arquitetura e urbanismo decolonial.

A colonialidade, tal é apresentada por Aníbal Quijano,[7] e também por intelectuais não brancos, como Lélia Gonzalez e Abdias Nascimento, por exemplo, é um caminho de varredura ancestral sob efeitos do eugenismo e do eurocentrismo impregnados na construção social e subjetiva das culturas que foram colonizadas.

Há uma diferença conceitual importante estabelecida pela decolonialidade: perceber a colonialidade através da permanência dos efeitos do colonialismo na estrutura das sociedades do sul global. Por isso, é mais condizente a denominação da teoria e prática *de*-colonial e não *des*-colonial.

É preciso um processo de decupagem, de ruptura com o eurocentrismo, para que possamos saber quem somos enquanto povo, nação e ancestralidade. Não basta apenas uma *des*-continuidade, que pressupõe um mero afastamento. Colonialidade é a raiz profunda que se forma a partir do plantio cronologicamente estabelecido das sementes do colonialismo.

---

[7] Aníbal Quijano, "Colonialidade do poder, eurocentrismo e América Latina", 2005.

SE A CIDADE FOSSE NOSSA

Isto posto, podemos nos perguntar sobre as expressões espontâneas ou inconscientes da nossa ancestralidade e localizá-las no nosso cotidiano.

Partindo de Ananya Roy, que nos deu o conceito de "urbanismo subalterno", e da historiadora Beatriz Nascimento que, em seu depoimento para o documentário *Ori*, nos disse que nosso corpo é um território que se desloca e se coloca como resistência por todos os lugares onde estamos, olhar as áreas favelizadas e as periferias como polos ativos do trabalho decolonial por meio da autoconstrução é um bom começo.[8]

Em meu trabalho de criação de conteúdo para redes sociais, certa vez, compartilhei com meus seguidores uma breve pesquisa sobre uma comunidade localizada no continente africano denominada Musgum. Os musgum são o principal grupo étnico da província de Pouss, que fica no extremo norte de Camarões. Eles criam e constroem suas habitações, que têm altas paredes em formato de meia concha, feitas de lama (ou barro) comprimida e seca pelo sol. Chamadas de *casas obos*, o perfil da estrutura é o de um arco catenário.

Catenária é uma descoberta da matemática, geometria, que, quando aplicada à arquitetura, permite suportar peso máximo usando o mínimo de material. As casas obos podem chegar a até nove metros de altura, com um mínimo de três metros.

As casas de barro da etnia musgum impressionam pela beleza orgânica. Essa beleza pode ser simples, mas jamais

---

[8] Ananya Roy, *op. cit.*, 2017.

EMPODERAMENTO E DIREITO À CIDADE

simplista, pois as formas que distraem pela geometria inusitada e o tamanho exuberante, camuflam funções muito bem projetadas.

As paredes das casas, por exemplo, são mais grossas na base do que no cume para aumentar a estabilidade da construção. E os charmosos relevos, feitos nas paredes do lado externo, servem de andaime para a execução da obra. O barro usado na construção é uma das melhores opções para o conforto térmico interno, ou seja, mantém a temperatura fresca mesmo com o sol escaldante.

Essas construções, que também lembram colmeias, levam seis meses para ficarem prontas e habitáveis. A técnica construtiva chama-se cerâmica de bobina de lama. As camadas são colocadas em espiral com relevos de até meio metro que afinam em direção ao topo da casa e que precisam secar para receber a próxima camada. Essas construções também remetem ao trabalho do brilhante arquiteto de Burquina Faso, Diébédo Francis Kéré, que trouxe as técnicas aprendidas durante sua formação na Alemanha e adaptou a realidade ancestral de seu país.

Kéré rompe com o eurocentrismo quando devolve ao seu povo a valorização da construção feita com as próprias mãos, com o material extraído da natureza local – barro ou lama – e, principalmente, quando faz uma leitura precisa de todas as necessidades construtivas dos seus clientes/irmãos da comunidade. Na construção de uma escola, por exemplo, ele se preocupou com a necessidade das crianças de enxergarem beleza nos lugares onde estudariam.

Nós, brasileiras e brasileiros, profissionais da arquitetura e urbanismo, da arte e suas dissidências, ainda estamos

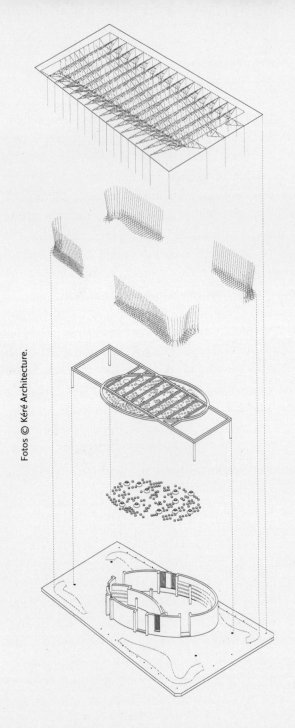

Projeto de Diébédo Francis Kéré para a biblioteca da escola Gando, em Burquina Faso.

Fotos © Kéré Architecture.

O projeto da escola é exemplar sobre como arquitetos que conhecem bem uma comunidade são capazes de oferecer um trabalho mais próximo às necessidades e urgências das pessoas.

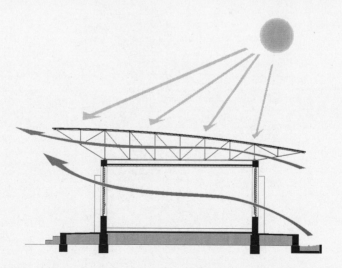

Amostra de como um projeto pode ser bem adaptado às características locais é o telhado suspenso. Kéré prevê a saída do ar quente, deixando o ambiente agradável com verificação natural e corrente.

Nesta sala, o teto é vazado com fôrmas feitas a partir de vasos de argila típicos da comunidade de Gando, em Burquina Faso.

Mulheres carregando vasos de argila sobre a cabeça. Esse tipo de vaso foi usado no teto da sala, permitindo entrada de luz natural e de ar fresco.

EMPODERAMENTO E DIREITO À CIDADE

paralisados pelo que o escritor Nelson Rodrigues chamou de complexo de vira-lata. Desvalorizamos nossas produções que carregam informações da nossa formação africana e indígena, de modo que evitamos discutir o apagamento eugenista a que fomos historicamente expostos.

Se os mestres que planejaram e executaram parte importante da história de nossa urbanização e divisão física do espaço que habitamos nutriam tamanho desprezo pela formação do povo brasileiro, isso, obviamente, não poderia ficar de fora do traçado que usufruímos ainda hoje. Decolonizar a arquitetura e o urbanismo, portanto, é parte da ação de reversão do epistemicídio imposto ao povo brasileiro.

AGRADECIMENTOS

À irradiação de Osún e Oxóssi em meu ori e ao meu amoroso Egbé.

Caique, Marina, Priscilla e Camila, filhos da minha alma e donos primordiais do meu coração.

Virgínia Bicudo e Lélia Gonzalez, mentoras intelectuais e exemplo de vida e coragem.

Livia Vianna e Thadeu Santos, pelo respeito, consideração, interesse e parceria.

E a todas e todos que me admiram e me mandam as melhores vibrações de amor e força.

REFERÊNCIAS BIBLIOGRÁFICAS

ALMEIDA, Nizan Pereira. *A construção da invisibilidade e da exclusão da população negra nas práticas e políticas educacionais no Brasil.* 2014. 152 f. Tese (Doutorado em Educação) – Pontifícia Universidade Católica do Paraná, Curitiba, 2014. Disponível em: <www.biblioteca. pucpr.br/tede/tde_busca/arquivo.php?codArquivo=2709>. Acesso em: 21 dez. 2022.

"APROVADO na Alesp, programa Vizinhança Solidária cresce e já está presente em 267 cidades do Estado". *Portal da Assembleia Legislativa do Estado de São Paulo.* São Paulo, 2021. Disponível em: <www.al.sp. gov.br/noticia/?id=425477>. Acesso em: 8 dez. 2022.

"ARQUITETURA Fálica", *Hisour Arte Cultura Exposição*, [s.l.], [s.d.]. Disponível em: <www.hisour.com/pt/phallic-architecture-29515/>. Acesso em: 29 dez. 2022.

BENTO, Cida. "O pacto de morte do racismo". Entrevista a Carine Nascimento. *Revista Quatro Cinco Um*, 19 nov. 2020. Disponível em: <www.quatrocincoum.com.br/br/noticias/ciencias-sociais/o-pacto- -de-morte-do-racismo>. Acesso em: 21 dez. 2022.

_____. *O pacto da branquitude.* São Paulo: Companhia das Letras, 2022.

BERTH, Joice. "Áreas brancas e áreas negras: *redline* nas cidades brasileiras". *Carta Capital*, São Paulo, 8 abr. 2019. Disponível em: <www.cartacapital.com.br/opiniao/areas-brancas-e-areas-negras- -o-redline-nas-cidades-brasileiras/>. Acesso em: 27 dez. 2022.

_____. "Joice Berth: 'As cidades são espelhos das desigualdades'", entrevista a Yasmine Sterea, *Exame*, 2021. Disponível em: <www. youtu.be/zsDSco8DLw4>. Acesso em: 10 fev. 2022.

_____. *Empoderamento.* São Paulo: Jandaíra, 2019.

BOLLAS, Christopher. "A arquitetura e o inconsciente". *Revista Latinoamericana de Psicopatologia Fundamental*, v. 3, n. 1, pp. 21–46, 2000. Disponível em: <doi.org/10.1590/1415-47142000001003>. Acessado em: 29 dez. 2022.

BONFIM, Flavia Gaze. "O conceito de falo na psicanálise... ainda?". *Estudos Contemporâneos da Subjetividade*, v. 12, n. 1, 2022.

BUENO, Winnie. *Imagens de controle: um conceito do pensamento de Patricia Hill Collins.* Porto Alegre: Zouk Editora, 2020.

BUTLER, Judith. *Gender Trouble: Feminism and the Subversion of Identity*. Nova York: Routledge, 1990.

CANUDO, Ricciotto. "La naissance d'un sixième art. Essai sur le cinématographe". In: *Les entretiens idéalistes*, 1911. Disponível em: <www.film.uzh.ch/dam/jcr:cde830ca-7203-4040-84cb-c93b92a-c8f5f/canudo_1922b_Manifeste%20des%20sept%20arts--Prim%C3%A4rquelle.pdf>. Acesso em: 23 dez. 2022.

CASEMIRO, Poliana. "Grupo faz abaixo-assinado contra construção de conjunto habitacional em Maresias". *G1*, São Paulo, 2 fev. 2020. Disponível em: <www.g1.globo.com/sp/vale-do-paraiba-regiao/noticia/2020/02/02/moradores-fazem-abaixo-assinado-contra-construcao-de-conjunto-habitacional-em-maresias.ghtml>. Acesso em: 24 fev. 2023.

CASTRO-GÓMEZ, Santiago. *La hybris del punto cero: ciencia, raza e ilustración en la Nueva Granada (1750-1816)*. Bogotá: Pontificia Universidad Javeriana, 2005. Disponível em: <www.biblioteca.clacso.edu.ar/Colombia/pensar-puj/20180102042534/hybris.pdf:=>. Acesso em: 16 jan. 2023.

CÉSAIRE, Aimé. *Discurso sobre o Colonialismo*. Tradução de Claudio Willer. São Paulo: Veneta, 2020.

"CHRISTIAN Dunker analisa a vida entre muros". *Carta Capital*, São Paulo, 11 mai. 2015. Disponível em: <www.cartacapital.com.br/educacao/psicanalista-christian-dunker-analisa-a-vida-entre-muros/>. Acesso em: 21 dez. 2022.

CIXOUS, Hélène. "Sorties". In: CIXOUS, Hélène; CLÉMENT, Catherine. *La jeune née*. Paris: Union Générale d'Éditions, 1975.

CLUBE da luta. Direção de David Fincher. Estados Unidos: 20th Century Fox Film Corporation, 1999. 140 min.

COLLINS, Patricia Hill. *Black Feminist Thought: Knowledge, Consciousness, and the Politics of Empowerment*. Nova York: Routledge, 1990.

_____. *Pensamento feminista negro*. Tradução de Jamille Pinheiro Dias. São Paulo: Boitempo, 2019.

"COM quantas mães solo se faz um lar no Brasil?". *Diário da Manhã*, Passo Fundo, 26 jan. 2019. Disponível em: <www.diariodamanha.com/noticias/com-quantas-maes-solo-se-faz-um-lar-no-brasil/>. Acesso em: 27 dez. 2022.

CORRÊA, Lobato Roberto. *O espaço urbano*. São Paulo: Ática, 1985.

CORTÉS, José Miguel G. *Políticas do espaço: arquitetura, gênero e controle social*. São Paulo: Editora Senac, 2008.

REFERÊNCIAS BIBLIOGRÁFICAS

COSTA, Lúcio. "O arranha-céu e o Rio de Janeiro". *O Paiz*, 1º jul. 1928.

CRENSHAW, Kimberlé. "Demarginalizing the Intersection of Race and Sex: A Black Feminist Critique of Antidiscrimination Doctrine", *Feminist Theory and Antiracist Politics*. University of Chicago Legal Forum, n. 1, pp. 139–167, 1989. Disponível em: <www.chicagounbound.uchicago.edu/cgi/viewcontent.cgi?article=1052&context=uclf>. Acesso em: 21 dez. 2022

_____. *On Intersectionality: Essential Writings*. Nova York: The New Press, 2015.

DAVIS, Angela. *Mulheres, raça e classe*. São Paulo: Editora Boitempo, 2016.

DE ARMENDI, Nicole. "The Map as Political Agent: Destabilising the North-South Model and Redefining Identity in Twentieth-Century Latin American Art". *St Andrews Journal of Art History and Museum Studies*, St. Andrews, v. 13, pp. 5–17, 2009.

Décima terceira emenda. Direção: Ava DuVernay. Produção: Ava DuVernay; Ben Cotner. Estados Unidos: Netflix, 2016.

DELEUZE, Gilles; GUATTARI, Félix. *O que é a Filosofia?*. Tradução de Bento Prado Jr. e Alberto Alonso Muñoz. São Paulo: Editora 34, 2007.

DERRIDA, Jacques. "Le facteur de la verité". *Poetique: Revue de theorie et d'analyse litteraires*, Paris, v. 21, 1975.

"EMERGÊNCIA habitacional, propõe Raquel Rolnik". *Ponte Jornalismo*, São Paulo, 1º abr. 2020. Disponível em: <www.outraspalavras.net/outrasmidias/emergencia-habitacional-propoe-raquel-ronlik/>. Acesso em: 21 dez. 2022.

"ESTUDO mostra que mulheres fazem mais viagens por meio do transporte coletivo ou a pé". *Secretaria Municipal de Urbanismo e Licenciamento*, São Paulo, 6 mar. 2020. Disponível em: <www.prefeitura.sp.gov.br/cidade/secretarias/licenciamento/noticias/?p=294677>. Acesso em: 27 dez. 2022.

EVARISTO, Conceição. "Da grafia-desenho de minha mãe, um dos lugares de nascimento de minha escrita". In: ALEXANDRE, Marcos Antônio (org.). *Representações performáticas brasileiras: teórias, práticas e suas interfaces*. Belo Horizonte: Mazza Edições, 2007, pp. 16–21.

FERNANDES, José Carlos. "Por que negros foram excluídos do ensino nos períodos imperial e republicano?". *Gazeta do Povo*, Paraná, 12 mai. 2014. Disponível em: <www.gazetadopovo.com.br/educacao/por-que-negros-foram-excluidos-do-ensino-nos-periodos-imperial-

-e-republicano-96aaka56heq7qxjdcyml7v7m6/>. Acesso em: 21 dez. 2022.

FIORATTI, Gustavo. "Construção de conjunto habitacional gera embate na Vila Leopoldina, em SP". *Folha de S.Paulo*, São Paulo, 15 jul. 2022. Disponível em: <www1.folha.uol.com.br/cotidiano/2022/07/construcao-de-conjunto-habitacional-gera-embate-na-vila-leopoldina-em-sp.shtml>. Acesso em: 21 dez 2022.

"FORMA segue a função". *Hisour Arte Cultura Exposição*, [s.d.]. Disponível em: <www.hisour.com/pt/form-follows-function-28220/>. Acesso em: 23 dez. 2022.

FREIRE, Paulo. *Pedagogia do oprimido*. Rio de Janeiro: Paz & Terra, 1987.

FREUD, Sigmund. "Conferência XXXIII: feminilidade". In: FREUD, Sigmund. *Novas conferências introdutórias sobre psicanálise 1933/1976*. Vol. XXII.

GALTON, Francis. *Inquiries into Human Faculty and its Development*. Nova York: Macmillan, 1883. Disponível em: <www.galton.org/books/human-faculty/text/galton-1883-human-faculty-v4.pdf>. Acesso em: 23 dez. 2022.

GLASS, Ruth. "Introduction". In: GLASS, Ruth. *London: Aspects of Change*. Centre for Urban Studies, Londres: MacGibbon and Kee, 1964, pp. xviii-xix.

GOLDHAGEN, Sarah Williams. "How Architecture Shapes Your Identity and Affects Your Brain". *ABC News,* Nova York, 6 nov. 2017. Disponível em: <www.abc.net.au/news/2017-11-07/how-architecture-shapes-your-identity-and-your-brain/9107586>. Acesso em: 29 dez. 2022.

GONZALEZ, Lélia. "A categoria político-cultural de amefricanidade". *Tempo Brasileiro*, v. 92, n. 93, 1988b, p. 69–82.

_____. "Por um feminismo afro-latino-americano". *Caderno de Formação Política do Círculo Palmarino*, 1988a, pp. 1–20. Disponível em: <www.edisciplinas.usp.br/pluginfile.php/271077/mod_resource/content/1/Por%20um%20feminismo%20Afro-latino-americano.pdf>. Acesso em: 23 fev. 2023.

"GOVERNO corta 98% dos recursos do Orçamento para novo Minha Casa Minha Vida". *UOL*, São Paulo, 2021. Disponível em: <www.economia.uol.com.br/noticias/redacao/2021/04/23/governo-corta-98-dos-recursos-do-orcamento-para-novo-minha-casa-minha-vida.htm>. Acesso em: 8 dez. 2022.

REFERÊNCIAS BIBLIOGRÁFICAS

GRIFFIN, Susan. *Rape: The Politics of Consciousness*. Nova York: HarperCollins, 1986.

HARDING, Sandra G. (org.). *The Feminist Standpoint Theory Reader: Intellectual and Political Controversies*. Nova York: Routledge, 2004.

HASENBALG, Carlos; GONZALEZ, Lélia. *Lugar de negro*. Rio de Janeiro: Editora Marco Zero, 1982.

HOOKS, bell. *Escrever além da raça: teoria e prática*. Tradução de Jess Oliveira. São Paulo: Elefante, 2022.

_____. *Teoria feminista: da margem ao centro*. Tradução de Raines Patriota. São Paulo: Perspectiva, 2019.

"HOW Urban Design Can Impact Mental Health". *The Centre for Urban Design and Mental Health*, [s.l.], [s.d.]. Disponível em: <www.urbandesignmentalhealth.com/how-urban-design-can-impact--mental-health.html>. Acesso em: 29 dez. 2022.

JACINO, Ramatis. *Desigualdade racial no Brasil: causas e consequências*. São Paulo: ÌMÓ, 2019.

_____. *O negro no mercado de trabalho em São Paulo pós-abolição – 1912/1920*. 2012. Tese (Doutorado em História Econômica) – Faculdade de Filosofia, Letras e Ciências Humanas, Universidade de São Paulo, São Paulo, 2013. Disponível em: <www.teses.usp.br/teses/disponiveis/8/8137/tde-11042013-093449/pt-br.php>. Acesso em: 20 dez. 2022.

JÚNIOR, Janary, "Projeto cria fundo de moradia para população negra". *Agência Câmara de Notícias*, Brasília, 16 ago. 2006. Disponível em: <www.camara.leg.br/noticias/88976-projeto-cria-fundo--de-moradia-para-populacao-negra/>. Acesso em: 21 dez. 2022.

KLEIN, Melanie. *Inveja e gratidão e outros trabalhos (1946–1963)*. Tradução de Elias Mallet da Rocha e Liana Pinto Chaves. Rio de Janeiro: Imago, 1991.

LACAN, Jacques. *O seminário, livro 5: as formações do inconsciente*. Tradução de Vera Ribeiro. Rio de Janeiro: Jorge Zahar, 1999.

LAURETIS, Teresa de. "A tecnologia do gênero". In: HOLLANDA, Heloisa Buarque de. *Tendências e impasses: o feminismo como crítica da cultura*. Rio de Janeiro: Rocco, 1994.

LEFEBVRE, Henri. *La production de l'espace*. Paris: Éditions Anthropos, 2000. Citação da p. 335 em LEFEBVRE, Henri. *A produção do espaço*. Tradução de Doralice Barros Pereira e Sérgio Martins. Disponível em: <www.gpect.files.wordpress.com/2014/06/henri_lefebvre-a-produc3a7c3a3o-do-espac3a7o.pdf>. Acesso em: 23 fev. 2023.

LEMBRUGER, Julita (coord.). *Um tiro no pé: impactos da proibição das drogas no orçamento do sistema de justiça criminal do Rio de Janeiro e São Paulo*, Rio de Janeiro: CESeC, 2021. Disponível em: <www.cesecseguranca.com.br/wp-content/uploads/2021/03/Um-Tiro--no-Pe_relatorio-completo.pdf>. Acesso em: 23 dez. 2022.

LO PRETE, Renata. "O Assunto #440: Sem dinheiro para habitação popular". *G1*, 2021. Disponível em: <www.g1.globo.com/podcast/o--assunto/noticia/2021/04/28/o-assunto-440-sem-dinheiro-para--habitacao-popular.ghtml>. Acesso em: 8 dez. 2022.

LOBÃO. "Essa noite não (marcha a ré em Paquetá)". In: Lobão. *Sob o sol de parador*. Sony Music Entertainment Brasil, faixa 3, 2 min e 44 s, 1989.

LÓPEZ-DURAN, Fabíola. *Eugenics in the Garden – Transatlantic Architectural and Crafting of Modernity*. Austin: University of Texas Press, 2018.

LORDE, Audre. "There is no hierarchy of oppressions". *Bulletin: Homophobia and Education*. Council on Interracial Books for Children, 1983. Disponível em: <www.sites.williams.edu/engl113-f18/marr/there-is-no-hierarchy-of-oppression/>. Acesso em: 21 dez. 2022.

LOURO, Guacira Lopes. *Gênero, sexualidade e educação: uma perspectiva pós-estruturalista*. Petrópolis: Editora Vozes, 2010.

LUDD, Ned. "Carros e remédios". In: LUDD, Ned (org.). *Apocalipse motorizado: a tirania do automóvel em um planeta poluído*. São Paulo: Editora Conrad, 2004.

LUGONES, María. "Colonialidade e gênero". In: HOLLANDA, Heloisa Buarque de (org.). *Pensamento feminista hoje: perspectivas decoloniais*. Rio de Janeiro: Bazar do Tempo, 2020, pp. 52–83.

_____. "Rumo a um feminismo descolonial". *Revista Estudos Feministas*, Florianópolis, v. 22, n.3, set.-dez., 2014.

_____. *Colonialidad y género*. Colômbia: Tabula Rasa, nº 9, 2008. Tradução da citação da p. 164 é de Karina Bidaseca.

MALDONADO-TORRES, Nelson. "Sobre la colonialidad del ser: contribuciones al desarrollo de un concepto". In: CASTRO-GÓMEZ, Santiago; GROSFOGUEL, Ramón (orgs.). *El giro decolonial: reflexiones para una diversidad epistémica más allá del capitalismo global*. Bogotá: Siglo del Hombre Editores, 2007, pp. 127-168. Disponível em: <www.ram-wan.net/restrepo/decolonial/17-maldonado-colonialidad%20del%20ser.pdf>. Acesso em: 17 fev. 2023.

REFERÊNCIAS BIBLIOGRÁFICAS

MARICATO, Ermínia. "Urbanismo na periferia do mundo globalizado: metrópoles brasileiras". *São Paulo em Perspectiva* [on-line]. 2000, v. 14, n. 4, pp. 21–33. Disponível em: <doi.org/10.1590/S0102-88392000000400004>. Acesso em: 21 dez. 2022.

_____. *Brasil, cidades: alternativas para a crise urbana.* Petrópolis: Vozes, 2013.

MARINGONI, Gilberto. "História: o destino dos negros após a Abolição". *Revista Desafios do Desenvolvimento.* Instituto de Pesquisa Econômica Aplicada (IPEA), ano 8, edição 70, 29 dez. 2011. Disponível em: <www.ipea.gov.br/desafios/index.php?option=com_content&id=2673%3Acatid%3D28>. Acesso em: 22 dez. 2022.

MEDEIROS, Larissa. "Infância: precisamos falar sobre a objetificação dos corpos de meninas negras", *O Globo,* Rio de Janeiro, 1º nov. 2020. Disponível em: <www.oglobo.globo.com/celina/infancia-precisamos-falar-sobre-objetificacao-dos-corpos-de-meninas-negras-24713357>. Acesso em: 27 dez. 2022.

MURARO, Rose Marie. *A mulher no terceiro milênio: uma história da mulher através dos tempos e suas perspectivas para o futuro.* Rio de Janeiro: Rosa dos Tempos, 2000.

NOGUEIRA, Salvador. "Entenda de uma vez: o que é epigenética?", *Superinteressante,* São Paulo, 21 ago. 2019. Disponível em: <www.super.abril.com.br/ciencia/entenda-de-uma-vez-o-que-e-epigenetica/>. Acesso em: 23 dez. 2022.

NOZOE, Nelson. "Sesmarias e Apossamento de Terras no Brasil Colônia". *Revista Economia,* Brasília, v.7, n.3, pp. 587–605, set./dez. 2006. Disponível em: <www.anpec.org.br/revista/vol7/vol7n3p587_605.pdf >. Acesso em: 21 dez. 2022.

"O QUE se sabe sobre a morte da jovem Kathlen Romeu, no Rio", *G1,* Rio de Janeiro, 10 jun. 2021. Disponível em: <www.g1.globo.com/rj/rio-de-janeiro/noticia/2021/06/10/o-que-se-sabe-sobre-a-morte-da-jovem-kathlen-romeu-no-rio.ghtml>. Acesso em: 23 dez. 2022.

ÔRÍ. Direção: Raquel Gerber. Roteiro: Maria Beatriz Nascimento. Documentário. Brasil: Vídeo, 1989.

OYĚWÙMI, Oyèrónké. "Conceituando o gênero: os fundamentos eurocêntricos dos conceitos feministas e o desafio das epistemologias africanas". In: HOLLANDA, Heloisa Buarque (org.). *Pensamento feminista hoje: perspectivas decoloniais.* Rio de Janeiro: Bazar do Tempo, 2020.

PARELES, Jon. "The Shakira Dialectic", *The New York Times*, Nova York, 13 nov. 2005. Disponível em: <www.nytimes.com/2005/11/13/arts/music/the-shakira-dialectic.html>. Acesso em: 27 dez. 2022.

PARENTE, Temis Gomes; MIRANDA, Cynthia Mara (orgs.). *Arquiteturas de gênero: questões e debates*. Palmas: EDUFT, 2015.

PEREIRA, Glaucia. "Posse de veículos por raça no Brasil". *Journal of Sustainable Urban Mobility*, v. 1, n. 2, 2021.

PERLMAN, E. Janice. *O mito da marginalidade: favelas e política no Rio de Janeiro*. Rio de Janeiro: Paz & Terra, 2005.

PINTO, Ana Estela de Sousa, "Graduados no Brasil têm maior vantagem salarial, mostra estudo da OCDE", *Folha de S.Paulo*, São Paulo, 8 set. 2020. Disponível em: <www1.folha.uol.com.br/mercado/2020/09/graduados-no-brasil-tem-maior-vantagem-salarial--mostra-estudo-da-ocde.shtml?origin=folha>. Acesso em: 29 dez. 2022.

PREMÊ [Premeditando o Breque]. "São Paulo, São Paulo". In: PREMÊ. *Quase lindo*. Selo Sesc, distribuição Tratore, faixa 1, 3 min e 56 s, 1983.

"QUAL a diferença entre os títulos da nobreza?". *Superinteressante*, São Paulo, 2018. Disponível em: <www.super.abril.com.br/mundo--estranho/qual-a-diferenca-entre-os-titulos-da-nobreza/>. Acesso em: 20 dez. 2022.

QUIJANO, Aníbal. "Colonialidade do poder, eurocentrismo e América Latina". In: LANDER, Edgardo (org.) *A colonialidade do saber: eurocentrismo e ciências sociais. Perspectivas latino-americanas*. Colección Sur Sur, Buenos Aires: Clacso, 2005. pp. 227–278.

RACIONAIS MC'S. "Racistas otários". In: RACIONAIS MC'S, *Holocausto Urbano*. Zimbabwe, faixa 5, 5 min e 45 s, 1990.

REPÚBLICA FEDERATIVA DO BRASIL. Constituição Federal, 1988.

RIBEIRO, Ronilda Iyakemi; SÀLÀMI, Sikirú (King). *Exu e a ordem do universo*. São Paulo: Oduduwa, 2015.

ROY, Ananya. "Cidades faveladas: repensando o urbanismo subalterno". Tradução de Mariana de Moura Cruz e João B. M. Tonucci Filho. *Revista eMetrópolis*, n° 31, ano 8, dez. 2017. Disponível em: <www.emetropolis.net/system/artigos/arquivo_pdfs/000/000/233/original/emetropolis31_capa.pdf?1513866648>. Acesso em: 23 dez. 2022.

RYCROFT, Charles. "Reaction formation". In: RYCROFT, Charles. *A Critical Dictionary of Psychoanalysis*. Londres: Penguin, 1995.

REFERÊNCIAS BIBLIOGRÁFICAS

SABINO, Luíza Wehbe Sabino. "A sociedade fálica e a obsessão por armas: da formação de milícias ao crime de feminicídio". *Desconstrução diária*, 16 out. 2020. Disponível em: <www.desconstrucaodiaria.com/2020/10/16/a-sociedade-falica-e-a-obsessao-por-armas-da-formacao-de-milicias-ao-crime-de-feminicidio/>. Acesso em: 29 dez. 2022.

SAFFIOTI, Heleieth I. B. *A mulher na sociedade de classes: mito e realidade*. São Paulo: Expressão Popular, 2013.

SAFFIOTI, Heleith I. B. *O poder do macho*. São Paulo: Moderna, 1987.

SANTOS, Herta Rani Teles; GUIMARÃES, Juliana Pita (orgs.). *O poder feminino: entre percursos e desafios – análise sobre políticas públicas, liderança feminina e tributação*. Belo Horizonte: Arraes Editores, 2021.

SANTOS, Milton. "As cidadanias mutiladas". In: LERNER, Julio (org.). *O preconceito*. São Paulo: Imprensa Oficial do Estado, 1997.

_____. *A natureza do espaço: técnica e tempo, razão e emoção*. São Paulo: Edusp, 2006.

_____. *Por uma outra globalização: do pensamento único à consciência universal*. Rio de Janeiro: Record, 2021.

SASSEN, Saskia. "Saskia Sassen Talks Finance, Climate, Race, Immigration and How We Can Begin to Fix Our Planet", entrevista a Nato Thompson, *Creative Time Reports*, Filadélfia, 2014. Disponível em: <www.creativetimereports.org/2014/10/27/saskia-sassen-finance-climate-race-immigration-creative-time-summit/>. Acesso em: 23 dez. 2022.

SCHAFER, A., KOYIET, P. "Exploring Links Between Common Mental Health Problems, Alcohol/Substance Use and Perpetration of Intimate Partner Violence: A Rapid Ethnographic Assessment with Men in Urban Kenya". *Global Mental Health*, 2018.

SEGATO, R. L. *Las nuevas formas de la guerra y el cuerpo de las mujeres*. Puebla: Pez en el Árbol, 2014.

SEGATO, Rita. "'Uma falha do pensamento feminista é acreditar que a violência de gênero é um problema de homens e mulheres', aponta Rita Segato". Entrevista a Florencia Vizzi e Alejandra Ojeada. Tradução de Wagner Fernandes de Azevedo, *Instituto Humanitas Unisinos*, São Leopoldo, 28 fev. 2020. Disponível em: <www.ihu.unisinos.br/78-noticias/596618-uma-falha-do-pensamento-feminista-e-acreditar-que-a-violencia-de-genero-e-um-problema-de-homens-e-mulheres-aponta-rita-segato>. Acesso em: 29 dez. 2022.

SILVA, Marcos Virgílio da. "Detritos da civilização: eugenia e as cidades no Brasil". *Portal Vitruvius,* São Paulo, mai. 2004. Disponível em: <www.vitruvius.com.br/revistas/read/arquitextos/04.048/589>. Acesso em: 23 dez. 2022.

SIMONE, AbdouMaliq. "The Black City?". *International Journal of Urban and Regional Research,* [s.l.], 2017. Disponível em: <www.ijurr.org/spotlight-on/race-justice-and-the-city/the-black-city/>. Acesso em: 23 fev. 2023.

SMALL, Deborah. "Deborah Small: 'A guerra às drogas facilita a criminalização de pobres e negros'". Entrevista a Julita Lembruger. *O Globo,* Rio de Janeiro, 23 jul. 2016. Disponível em: <www.oglobo.globo.com/brasil/a-guerra-as-drogas-facilita-criminalizacao-de--pobres-negros-19755387>. Acesso em: 23 dez. 2022.

SOARES, Ana Carolina Eiras Coelho. "Cartas para a comissão da condição feminina: relatos históricos sobre a violência física contra a mulher". In: PARENTE, Temis Gomes; MIRANDA, Cynthia Mara (orgs.). *Arquiteturas de gênero: questões e debates.* Palmas: EdUFT, 2015.

SPÉCIE, Priscila; JACOB, Miguel. "As mulheres são donas de uma São Paulo duas vezes menor do que os homens: por quê?". Fundação Getulio Vargas/Centro de Política e Economia do Setor Público (FGV/CEPESP), 2017. Disponível em: <www.cepesp.wordpress.com/2017/11/08/as-propriedade-imobiliaria-das-mulheres-em--sao-paulo/>. Acesso em: 24 fev. 2023.

SPIVAK, Gayatri Chakravorty. *Pode o subalterno falar?.* Belo Horizonte: Editora UFMG, 2010.

SULLIVAN, Louis H. "The Tall Office Building Artistically Considered". *Lippincott's Magazine,* Filadélfia, mar. 1896.

TELES, Maria Amélia de Almeida. *Breve história do feminismo no Brasil e outros ensaios.* São Paulo: Editora Alameda, 2017.

TROI, Marcelo de. "Carrocracia: fluxo, desejo e diferenciação na cidade". *Revista Periódicus.* n. 8, v. 1, pp. 270–298, 2017.

TRUTH, Sojourner. "Ain't I a Woman?" In: TRUTH, Sojourner. *Feminist theory: A reader,* 1851. Disponível em: <www.sojournertruthmemorial.org/sojourner-truth/her-words/>. Acesso em: 27 dez. 2022.

VALLE, Melissa M. "Revealing the Ruse: Shifting the Narrative of Colorblind Urbanism". *International Journal of Urban and Regional Research,* 2017, s/p. Disponível em: <www.ijurr.org/spotlight-on/race-justice-and-the-city/revealing-the-ruse-shifting-the-narrative--of-colorblind-urbanism/>. Acesso em: 8 dez. 2022.

REFERÊNCIAS BIBLIOGRÁFICAS

VELASCO, Clara; GRANDIN, Felipe; CAESAR, Gabriela; REIS, Thiago. "Assassinatos de mulheres sobem no 1º semestre no Brasil, mas agressões e estupros caem; especialistas apontam subnotificação durante pandemia". *G1*, 16 set. 2020. Disponível em: <www.g1.globo.com/monitor-da-violencia/noticia/2020/09/16/assassinatos-de-mulheres-sobem-no-1o-semestre-no-brasil-mas--agressoes-e-estupros-caem-especialistas-apontam-subnotificacao--durante-pandemia.ghtml>. Acesso em: 27 dez. 2022.

VELOSO, Lucas. "Sem dinheiro para o aluguel, famílias formam novas favelas em SP". *Folha de S.Paulo*, São Paulo, 2021. Disponível em: <www1.folha.uol.com.br/cotidiano/2021/04/sem-dinheiro-para-o--aluguel-familias-formam-novas-favelas-em-sp.shtml>. Acesso em: 8 dez. 2022.

VILLAÇA, Flávio. "Uma contribuição para a história do planejamento urbano no Brasil". In: DEÁK, Csaba; SCHIFFER, Sueli Ramos. *O processo de urbanização no Brasil*. São Paulo: Edusp/Fupam, 1999. Disponível em: <www.edisciplinas.usp.br/pluginfile.php/6011965/mod_resource/content/1/Fl%C3%A1vio%20Villa%C3%A7a%20-%20Uma%20contribuicao%20para%20a%20historia%20do%20planejamento%20%20urbano%20no%20Brasil.pdf>. Acesso em: 23 dez. 2022.

_____. *O que todo cidadão precisa saber sobre habitação*. São Paulo: Global Editora, 1986.

VILLELA, Flávia. "Morador de favela teme preconceito e oculta o endereço". *Agência Brasil/Correio Nagô*. Disponível em: <https://correionago.com.br/morador-de-favela-teme-preconceito-e-oculta-o--endereco/>. Acesso em: 20 dez. 2022.

ZYLBERKAN, Mariana. "Mudança de centro onde padre Julio dá café a moradores de rua mobiliza vizinhos na Mooca". *Folha de S.Paulo*, São Paulo, 15 fev. 2023. Disponível em: <www1.folha.uol.com.br/cotidiano/2023/02/mudanca-de-centro-onde-padre-julio-da-cafe--a-moradores-de-rua-mobiliza-vizinhos-na-mooca.shtml>. Acesso em: 24 fev. 2023.

Este livro foi composto na tipografia
Scala Pro, em corpo 10,5/14,5, e impresso em
papel off-white no Sistema Digital Instant Duplex
da Divisão Gráfica da Distribuidora Record.